神武天皇が攻めた「卑弥呼」の邪馬台国は鹿児島にあった

歴史言語学者
加治木 義博

もくじ

第1章 神武天皇と崇神天皇が戦った！

第2章 邪馬臺へ攻めこんだ神武天皇

第3章　ヒミコの悲劇と和人の高度文明

第4章　和人圏だった沖縄〜朝鮮全域

第5章 日本・朝鮮は和人の宝貝経済文化圏

第6章 東征の背景にある偉大な倭人圏

第7章 意外な神武東征の出発点

第8章　謎の『日本書紀』と東征の真相

第１章

神武天皇と崇神天皇が戦った！

唐古の楼閣図土器は畿内説に有利か？　帯方郡使は二度来たが、どちらも伊都国までしか来なかった。梯儁《ていしゅん》は伊都国でヒミコと会い、宮室・楼観を目撃した。その遺跡は佐賀県の牛津付近にある。畿内説も伊都国は九州の中だと認めている。だから伊都国にあった楼観と奈良県とは、地理的にみて全然、無関係である。

では吉野ヶ里だったか？　いや［邪馬壹《いち》国］は、その後、伊都国よりもさらに［南］の［水行十日・陸行一月］の遠方の土地へ遷都している。牛津より北にあって、近くて、水行できない吉野ヶ里では絶対にない。では唐古遺跡はだれのものか？　本書ではそれも明らかになる。

◇ヒミコの一生

ヒミコはイザナキのミコトの子として沖縄で生まれた。地中海人種の子孫で「光華明彩」だったので、宗教人が適しているると、アショカ王の仏教宣布《せんぷ》団の来ている土地ウテナ（臺、金の国、今の台湾）へやられ、ピューテイアとしてギリシャ伝来の神託を修行した後、村の女神になっていたとき、ソナカ王子に愛されて結婚したが、その後、家出して沖縄へ帰ってしまう。

王子は沖縄を仏教国にするといって、そのあとを追って沖縄へ渡ったが、ヒミコの入りムコとして、そこの王になったまま国へ帰らず報告もしない。台湾のアショカ王国の国王は心配して、無名キジ（毛人）に様子を見に行かせたところ、それを王子は矢で射殺してしまう。

ほかの諜報員《スパイ》がその矢を持ち帰って国王に見せたので、ソナカに殺されたことを確認した国王は、軍隊を派遣して、裏切り者としてソナカを殺す。その大乱が終わったあと、ヒミコは夫の跡をついで女王になり、次いで倭人（アショカ教徒）国連邦の王に選出される。

台湾に現存するギリシャ系倭人　後からきた侵入者に追われて山地に住んでいる人々の中には写真のような人たちがいる。その容貌、服装、家屋、言語、土器など実に多くのものが、その古いルーツがインド経由の地中海人だったことを示している。
［臺］はウティナで沖縄のこと。［湾］はワニで［倭人］の唐代以後の読み方。ここはその頃［小琉球］と呼ばれていた。だから、［台湾］とは［琉球人の国］という意味なのだ。

そして『ヒミコ』でお話ししたヒメゴソとオオヒルメが「太陽の光で身ごもった」というあの『阿具沼《あぐぬま》伝承』も、『かぐや姫』の原話も両方とも台湾に現存するお話の中にある。またカリエンの人たちの都は今も花蓮《カリエン》港と呼ばれ、「鬼道＝アショカ仏教」の子孫も現存している。

以後数十年、その勢力は九州全土に広がり、彼女は九州北部にまで移動し、宮殿の奥深くにいて弟を対外接触者にして、巧みに祭政一致の神託政治を行ってきたが、中国が戦乱の三国時代に入り、歴戦の後、諸葛孔明《しょかつこうめい》が死んで蜀《しょく》が無力化すると、魏《ぎ》は今度は倭人《うわい》の保護者で呉《ご》の属国の「燕《えん》」の支配者・公孫《こうそん》氏を不意打ちして滅ぼし、朝鮮半島を支配下においてしまった。

ヒミコはそれを鏡による光通信で、いち早く知り、都を安全な場所に移した。それが中国の会稽《カイケイ》の真東に当たる今の鹿児島県隼人《はやと》町である。彼女はそれと同時に、ただちに使節を魏《ぎ》の帯方《たいほう》郡に送り、魏の都に案内させて親善を求めた。魏の政府は大喜びして、ヒミコが注文した鏡など大量の贈りものを届けてくるなど外交はうまくいっていた。

しかし女王国に属さない南の島の狗奴《くの》国王が、戦争をしかけてきた。彼女は帯方郡に援助を頼んだが、仲裁役の張政がやってきたとき彼女は死んだ。

大規模な墓が作られ、一〇〇人以上の人が殉死させられた。そのあと男王が連邦の王になったが、全国的に反対者がたち上がって内乱が続いた。そして結局、一三歳の壹與《いちょ》を女王にすることで、やっと戦いが終わった。

◇なぜ、ジンム・プロブレムなのか？

ヒミコの死の原因になった戦争の状況や、その敵・狗奴国男王とはだれだったのか？この『ジンム・プロブレム』はそれに答える。…でもなぜ「ジンム」か？

それは彼が狗奴国男王だったというだけでなく、神武東征は日本という国が生まれたときの大ロマンとして、歴史上最も有名な事件の一つだからである。

しかしこれほど謎に満ちた歴史も、また珍しい。それは現代だけでなく『記・紀』が編集された八世紀でも、すでに謎だった。そしてそれ以来、全く解けなかった「文字どおり千年を超える謎」の歴史なのである。それは全世界の国々の歴史の中でも、いまだに解けないでいる「難問中の難問」で、まさに「ゴーディアン・ノット」クラスの超プロブレムなのだ。

しかしこの本では前の『ヒミコ』と同様、その乱れた難問を、アレクサンドロス大王さながらに一刀両断して、スカッと整理してしまった。

神武天皇は決して架空のヒーローではなく、私たちと同じく実在した「生きた人間」だった。けれど『記・紀』はそこでもいく人もの人物をゴチャ交ぜにしている。だから紀元前六六〇年の神武天皇も実在するだけでなく、はるか昔の事件も交ざっている。

だが何よりも圧巻《あっかん》は、「五人の天皇」が同時に実在して互いに死闘する事実だ！　どんなによくできたＳＦや推理小説も太刀打ちできない「マサカ!?」の連続。「歴史の真実」の面白さに、きっとあなたは「大きな知的満足」を満喫していただけると確信している。

◈でも……まだ「なぜ、ジンム？」という方へ

この本はヒミコが死んだときの「邪馬臺《だい》戦争」の本である。それなのになぜ「神武天皇」が出てくるのだろう？

ヤマイチ新政権の長は「伊支馬《いきま》」だった。この名は垂仁天皇の「活目《いきま》・伊久米《いくめ》」によく合う。また同じ時期にやはり伊支馬に合う名乗りをもった人物「高句麗《こうくり》王・位宮《いきゅう》」がいる。

位宮の家系は、沖縄から出て、鹿児島、熊本の地名を代々の名乗りにもっていた。位宮自身のその「位宮」という名乗りも「琉球」の朝鮮読みで「琉球国」と書けば「伊支馬」に一致する名乗りなのだ。

しかし彼の数代前からは、北朝鮮の高句麗にも君臨していて、漢や扶余《ふよ》に侵入している。位宮も魏が公孫氏を滅ぼしたときは、魏に味方して軍隊を出している。しかしその後、元公孫氏の領地をめぐって魏と紛争を起こし、とうとう大戦争になって、首都・丸都《がんと》城が陥落し、逃げて行方不明になった。

その直後に、ヒミコと狗奴国男王との不和が、魏の帯方郡に訴えられ、ヒミコは死んだ。そして［伊支馬］を首班とする［新政権・邪馬壹《いち》国］が誕生した。

伊支馬は日本側の記録では［垂仁《すいにん》天皇］だから、それまでの［旧政権・邪馬臺《だい》国］の首班は一代前の［崇神《すじん》天皇］でなければならない。

［崇神天皇紀］をみてみると、そこにはヒミコにも、その男弟にも、そのほかの『魏志倭人伝』の登場人物にも、ぴったりの人物がきれいに揃っている。ヒミコは倭迹迹日百襲《うわいとととひほそ》姫に完全に合うから、前政権が崇神朝であったことは疑いない。

ところが……、ところが…なのだ。そうだとすると、ここで大問題が起こる。それは『日本書紀』も『古事記』も、崇神天皇と戦ったのは［タケハニヤスピコ＝武埴安彦］だと書いているが、その記事は、崇神側から見て書いた記録であって、それを攻めた［武埴安彦側］から書いた同じ事件の記録がもう一つ別に見つかった。それによるとこの武埴安

彦側は、なんと！…［神武天皇たち］だったのである！　だとすれば神武天皇は高句麗王だった……⁉

この本では、そうしたことを、なぜ、神武天皇たちか？　高句麗王とはどんな人々か？　その人たちはいつ？　どこから？　どんなふうにやってきたか？　と詳しく考証して、決してあいまいさや、いい加減なものを残さないようにしてある。だからこの［位宮＝神武天皇］も真実なのである。これでなぜ、この本が『ジンム・プロブレム』なのか、お分かりだと思う。

でも「神武天皇」では「狗奴国男王とはだれか？」という質問の答えにはなっていない。これからそれに、お答えする。実は神武天皇こそ、間違いなく、その狗奴国男王なのである。なぜそんなに自信をもって、そうお答えできるのか。それはこの男王とヒミコが戦って、男王が勝ちヒミコが死んだ、あの［邪馬臺戦争］の詳しい記録が発見されたからだ。

これまでは、そんな記録どころか『魏志倭人伝』（この本では以後省略して『倭人伝』と呼ぶ）に書いてあることさえ、だれも正確に読めず、そのとき何があったのかは、めいめい勝手な想像説をブチまくるばかりで、何一つ確実な真相は分からなかった。

◇神武紀と崇神《すじん》紀との共通の事件

始めに読者と［名前の省略］方法を打ち合わせておこう。

『日本書紀』は『書紀』や『紀』に、『古事記』も『記』に、また『日本書紀』に書かれた神武天皇の記事は［神武紀］。『古事記』に書かれた崇神《すじん》天皇の記事は［崇神記《すじんき》］と、短くしよう。これでも「紀」と「記」にさえ注意していれば、混乱せず、よく分かる。

その［神武紀］は天皇が大和の橿原《かしわら》で即位する七年前から始まるが、その年の九月の部分に「女坂に女軍をおき、男坂に男軍をおき、墨坂にオコシ炭（燃えている炭）をおいたことから、今の女坂、男坂、墨坂という地名が生まれたのだ」と、そこの地名が歴史によってつけられた記念物（古代式記録。モニュメントの一種）であることを教えている。

そして十一月の部分には、次のように書いてある。椎根津彦《しいねつひこ》という人物が作戦について進言して、「女軍を先に派遣して忍坂《おさか》道から進ませると、それを見た敵はきっと強い主力をそちらに向けるでしょう。そこでこちらは主力を墨坂に進め、菟田《うだ》川の水をその燃える炭火にかけて消して不意打ちすれば、油断している敵を、必ず破ることができると思います」と言う。

これを読むと、先の地名が生まれたときの状況が、さらに詳しく手にとるように分かる。

次は［崇神紀《すじんき》］の十年九月の記事を見てほしい。ここでは敵軍が都に肉迫してきている。夫の軍は山背から、婦人の軍は大坂から、同時に攻めこんで首都を襲おうとしている。それを迎える天皇は、そのことを前から予期していた。それは三月に見た夢に神様が現れて「赤い盾《たて》八つ、赤い矛《ほこ》八本で墨坂の神を祭り、黒い盾八つ、黒い矛八本で大坂の神を祭れ」と教えられていたからである。

そこで天皇はその夢が何を暗示していたかを悟《さと》って、そのとおりにして敵を迎え討たせたので、敵軍を大いに破ることができた、と書いてある。謎解きをすると［墨坂の赤い武器］は［赤い火］すなわちオコシ炭を置いて（どんどん火を燃して）敵が通れなくすることであるし、［大坂の黒い武器］は黒いヨロイ、カブトに身を固めた強い兵士を配置して、敵を迎え討てということだったのである。

話は［神武紀］と［崇神紀］とに分かれているが、その地名と事件が、細かい点まで一致していることはお分かりになると思う。もっとも地名は、文字が違うものがある。しかしそれも一つの発音に対する異なった当て字だといえるものばかりである。

男坂、忍坂、大坂はいずれも［オサカ］だからである。この程度の変化はその記事の中でもみられる。墨坂とは、その語源の説明によれば、厳密には［炭坂］でなければならないはずのものだからである。にもかかわらずそれは双方とも［墨坂］と書いてある。

◈足利尊氏《あしかがたかうじ》とヒトラーが戦うほど意外な真相⁉

しかし神武天皇は初代。崇神天皇は一〇代。『書紀』の年数計算でいけば五六〇年以上へだたっているご先祖さまと子孫である。それが同時に出てくるとなると、足利尊氏とヒトラーとが戦ったというのに等しい。タイムマシンがあれば別だが、とても常識では考えられないというのが［常識的］な考えである。これは大変な謎だ！　一体どうなっているのだろう⁉

舞台はどちらも同じ土地だということになっているのだから、同じ地名の場所があって当然、そこでたまたま五六〇年後に、よく似た戦争がくりかえされたとしても、それほど不思議でもなんでもない。と、ここで思考がストップしてしまったら、在来の学者と同じことになる。

しかし時間をかけて、検討するのはむだじゃないか？　と疑いはじめたら、このあとをお読みになるのがバカらしくなると思う。そこで安心して楽しく読んでいただくために、手っとりばやく、この二天皇が「同時代の人」だという説明をしておこう。

ヒミコが実在の人であったことは疑いの余地がないから、彼女のいた時代は一つしかない。それをいくつもの時代に分けてしまった『書紀』のほうが、だめに決まっている。そう分かると『書紀』を過信してあきらめる必要はなくなる。「神武紀」も「崇神紀」も、まだ大量の記事があるのだから、ほかにも手掛かりがないか、調べてみればいい。

◇神武と崇神をつなぐ「キー」＝武埴安彦《たけはにやすひこ》

実は先に引用した「神武に作戦を進言した椎根津彦《しいねつひこ》」と「崇神のところへ攻めこんだ武埴安彦」は、その行動が一致するだけでなく、その名も次のような奇妙な関係にある。

「椎根津彦」は『紀』の当て字で、『記』では「槁根津日子《さほねつひこ》」と書いてある。「槁」は古い振りガナだと「サホ」、今ならサオで、竿のことである。しかしこの文字は「コウ」とも「タカ」とも読める。南九州の古代語は竹のことを「タカ」と発音した。だからこれは竹竿のことでもあり、竹そのものを指していたことも分かる。

またその［タカ］という名で、竹が［タカ］と呼ばれた氏族によって、日本へ運ばれてきたことが分かる。それは［イネ］も［コメ］も［カミ］も［クシ］も古い時代に入ってきたものはみな、それを持ってきた人々の名で呼ばれているからである。

これでお分かりのように武埴安彦の［武］も［タケ］であって、それは『記・紀』の原稿を書いた連中が、自由に使った当て字なのだから、その文字は［竹］と書こうが［槁］と書こうが、それは同じことだ（武内宿祢は竹内宿祢とも建内宿祢とも書かれた）。

そうだとすれば、この二つの名を並べて比べてみよう。

タカ　ネヅ
槁　根津　日子
タカーニャヅ
武　埴安　彦
タカハニヤス

これはどちらかの文字を［タカーニャズ］と読んだ発音を、耳で聞いた速記者が、別の文字を当て字したものだったことが分かる。

こうなってくると、この事件はがぜん面白くなってくる。それは神武天皇と崇神天皇とが、「同時に出てきてもおかしくない」どころか、大いにすばらしいことになりそうな予感がするからである！

これはまだ「証拠」というほどのものではないが、ほかの証拠が見つかれば、立派に証拠に昇格する「証拠のタマゴ」であり「証拠のサナギ」である。

◈狗奴国男王が武埴安彦か？

では『倭人伝』に出てくる人物なのか？　一体、だれと一致するのであろうか？

武　（槗）　埴　安　彦

タケ（コウ）チ　アン　ビコ　（標準語の発音）

狗右　制　卑狗

クウ　ヂ　ァイ　ピク　（沖縄語の発音）

『倭人伝』には狗奴国は男王が治め、その官名は「狗古制卑狗」だと書いてある。このままでは「クコヂァィヒク」としか読めないが、陳寿の『三国志』より先に書かれて、陳寿がマル写しした部分のある魚豢《ぎょきわん》の『魏略』では、この［古］は［右］である。写したほうが間違いに決まっているから、［狗右制卑狗］のほうが正しい。そして、その発音は［コウチアンヒコ］と読める楇根津日子と武埴安彦の名と非常によく似ている。

名は本来一つの発音しかないのだから、これまでみてきたいろいろな読み方の大半は架空のものである。この中国語との一致で初めて、この発音が本当のものに一番近いと分かった。だからほかのものは『記・紀』の編集者が当てた字を、後世の人が［読み違えた発音］だということになる。しかし厳密にいうと、この発音比較では、まだ完全に一致しているとはいえない。

しかし、この狗右制卑狗は狗奴国の最高官なのだから、卑弥呼政権の敵側の人物であることは間違いない。攻めた側は神武天皇の一族だから、それと比較する必要がある。そのためには、まず［コウチアンビコ］［タケチアンビコ］とは、何を意味する名前か調べてみよう。

大隅《おおすみ》語と沖縄語では助詞の［の］にあたる［津］を［チ］と発音する。アンは九州語の［兄］であるから本名は［高の兄彦］で［高の国（沖縄語ではクヌ国）の皇太子］という意味になる。同じ［高津］を大隅読みすると［タケチ］になる（『ヒミコ』大隅方言・参照)。

「神武天皇の一族との比較」　（上が『倭人伝』。中が『記・紀』。下が発音比較）

狗右制卑狗　コウヂァイ　ピク
神八井美美命　コウヅヤイ　ビビ
武埴安彦（高津兄彦）　タケチアン　ビコ
多芸志美美命（神八井美美命の兄）　タケチアン　ビビ

「神」は助詞の「津」が省略されているものとして「ツ」をつけて「コウヅ」と発音される。だから狗右制卑狗に一番近いのは、神武天皇の第二皇子・神八井耳の命だということになる。また武埴安彦（高津兄彦）は神武天皇の長子・多芸志美美《たけちみみ》の命が発音でも、長兄である点でも完全に一致する。そこで同じ兄弟の末っ子・神淳名《ぬな》川耳命が『倭人伝』のだれに合うか調べてみると、「難升米（ナヌサンミ）」と「淳名川耳（ヌナセンミミ）」の関係にある。

◇卑弥呼政権が崇神政権だった証拠

これで狗右制卑狗が神武天皇の皇子・神八井美美の命だったことが確実になった。とすると彼らが戦った相手は卑弥呼政権だったのだから、私たちが知りたい［邪馬臺戦争］の真相は、［神武紀］と［崇神紀］の中にあることになる。そして［武埴安彦＝多芸志美美の命］が攻めた相手の［崇神天皇政権］こそ、『倭人伝』の卑弥呼政権だったと確認できるのである。

それなら卑弥呼政権の当時の人物と崇神天皇の一族とを比較してみれば、ほかにも名の一致する人物が見つからなければいけない。そして見つからなければ、この狗右制卑狗との一致は［他人のソラ似］だったということで最初からやり直さなければならないが、一致すれば私たちはついに［正しい発見］をして、それを重ねながら前進中だ、ということになる。

しかし実はこの問題は、もうとっくに解明ずみなのである。私の『邪馬臺国の言葉』（コスモ出版社刊・一九七六年）から抜粋してご覧にいれよう。

（上が『倭人伝』。中が『記・紀』。下が共通の発音）

伊支馬	活目入彦（垂仁天皇）	イキマ
弥馬升	御間城（崇神天皇と皇后の名）	ミマジョウ
弥馬獲支	遠津年魚・眼々妙媛	ミマクワシ
奴佳鞮	沼羽田入比売	ヌハタイ
都市牛利	十市瓊入姫・豊城入彦	トチニュゥリ
掖邪狗（拘）	八坂之入日子	ヤザカウ（王）

まだまだあるが、先を急ぐここでは、全部を挙げる必要はない。これで十分証拠力がある。これでもまだ「他人のソラ似だ」という人は判断力に欠陥があり、こんな仕事には向かない。ソラ似や偶然の一致というのは非常にまれに起こることをいうのであって、こんなにズラリと一致することではない。この一致は「双方は同時存在だ」という「立派な証拠」なのである。

これで神武・崇神の二天皇が同時存在だということは、疑う余地がないが、まだ大量にある証拠の中から「時」を示すものを一つだけ追加しておこう。それは神武天皇が大和の橿原で即位した年は、崇神天皇の何年と記録されているか。そんな記録があるか？ という問題である。

今の建国記念の日、戦前の紀元節の根拠とされたのは、その即位の年が、「神武紀」にある「辛酉《しんゆう》の年だった」という記事である。これは「縁起をかついであとでつけたウソの干支《かんし》だ」というのが今の定説だが、崇神天皇の三八年もやはり辛酉の年で、邪馬臺戦争直前の正始二年もまた辛酉年である。だからこの『書紀』の「辛酉記録」は信用できるのだ。

◎ほんとうの「日本建国の日」を発見!!

その日こそ、私たち日本人が、「建国記念の日」として、尊重しようとしている日なのだから、ここでいい加減に見過ごしてしまっては、なにもならない。純粋に日本という国の一つの出発点になった、この「グレート・エポック」について知らない日本人は、「文化人」の中に入る資格がないことは確かだ。それは一体いつなのだろう？

だからここできっちりと、この「大発見！」について正確に記憶しておいてほしい。それは「西暦二四一年一月一日」＝「魏の少帝・芳の正始二年・辛酉《しんゆう》の春・庚辰《こうしん》の朔《ついたち》の日」である。

しかし『記・紀』では神武は戦争が終わったあと即位したことになっているし、「崇神紀」では戦争は一〇年にあったことになっていて、三八年がこの「建国記念日」では、間が伸びすぎていて話が合わない。この主要ポイント［辛酉］は正確なのだから、『書紀』は修正が必要だということになる。修正すると神武天皇の即位は二四一年。戦闘は二四七年に終わって、邪馬臺《だい》国政権はヒミコの死で滅び、代わって邪馬壹《いち》国政権が誕生したのだから、［神武紀］が七年後に政権をとったと書いている記事の正しさが確認でき、真実の建国史が甦《よみがえ》ったことになる。

◇戦闘の舞台「ヤマト」は鹿児島県だった

しかし、これで『書紀』を盲信していただいても困るので、この槁根津日子《さほねつひこ》を使って、もう少し問題点をお話ししておこう。

［神武記］では、天皇たちが速吸門（ソキウのト）にさしかかったとき、亀の甲に乗って、釣りをしながらやってくる人に出会ったので、槁機（さお）を差し出して、その人物をつかまらせて船に引き上げ、水先案内人として供に加えたのだ、という説明になっている。

［神武紀］も、ほとんど同じことを「椎槁（シイさお）の端を持たせて船に引き上げたので、以後［椎根津彦《しいねつひこ》］と呼ぶようになった」と書いている。

だがこの人物の本名は、今、明らかになったように、本当の名前［神八井耳命］という名が先にあり、その発音に帯方郡使によって「狗右制卑狗（クウジャィピク）」、異本では狗右智卑狗」などと当て字された『倭人伝』の文字を、読み違えて当て字をしたために生まれた［幻の名］なのだから、この『書紀』の「以後［椎根津彦］と呼ぶようになった」は、脚色のためにあとで書き加えられた勝手な「フィクション＝作り話」にすぎないことは簡単に分かる。

後世のいわゆる物知りが、その名の意味を尋ねられ、いろいろと考えたあげく、本当は神の「コウと高と槁」との類似に気づいて、それはたぶん船に引き上げられるとき椎の木の槁を使ったので、そう名づけられたのであろうという「迷想像説」を作りあげた。それが『書紀』の中に取り入れられたために、まるで史実のような顔をして、現在まで伝わったのである。

その筆者は、その本人がどんな人物か、まるで知らなかったのである。そこで、適当に漁師にしてしまっているが、本当は、あの卑弥呼を悩ました狗奴国の最高官である「狗右制卑狗」その人だったのであり、彼が崇神天皇の磯城《シキ》の都を震えあがらせた「武埴安彦」その人だったとすれば、それは神武天皇の兄・五瀬《いっせ》の命《みこと》だった可能性もあるのである。

五瀬の命だったのなら命が戦死する前は、当然この戦争の最高指揮者であって、船には最初から乗っていたはずで、途中で出会うといったことも、竿で船に引き上げられる、といったこともありえない。だから『記・紀』が、まるでどこのだれとも分からない浮浪者風にしてしまった「槁根津日子・椎根津彦」は、当て字が生み出した架空の人物で、実在する一人の人物がいく人にもふくれあがったものの一つなのである。

だから先にみた、彼が作戦を立てて進言する場面も、それに相当する人物は「五瀬の命」なのである。また、この「東征」が「崇神紀」の「武埴安彦の乱」であることも、これまでみた部分だけでも十分理解できる。だとすれば武埴安彦と同一人か、それに近い椎根津彦が攻めたこの「神武東征」の舞台になった土地は、『ヒミコ』で徹底的に確認ずみの「邪馬臺《ダイ》国＝鹿児島県隼人町」以外にはありえないし、ほかでは奈良県でさえも矛盾に満ちている。

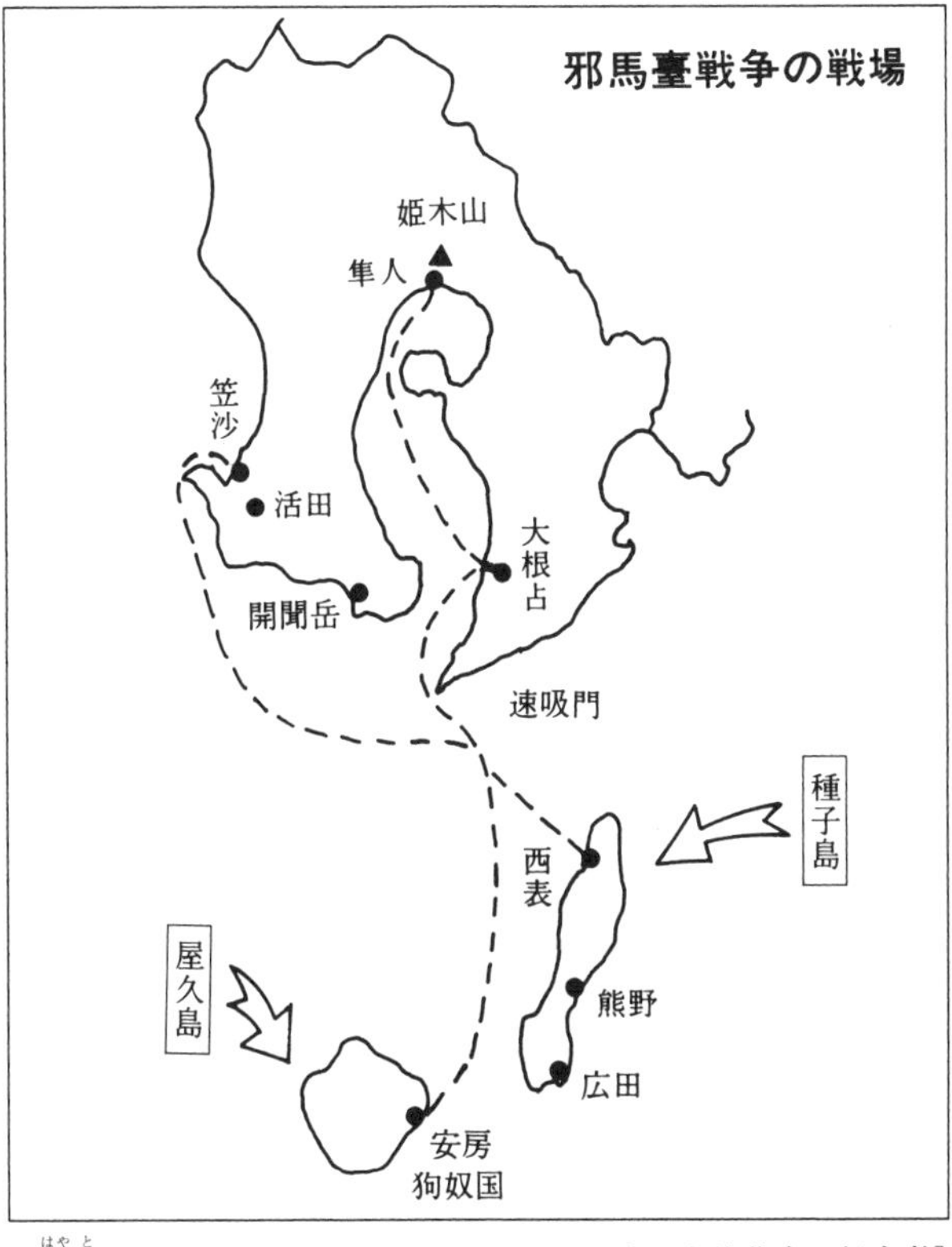

隼人《はやと》町に邪馬壹の都があり［戦さの君＝彦五十狭芹彦＝伊声耆］がいた。この［五十狭芹］が［イソキの］と読まれて［磯城イソキ］と書かれた。決して奈良県の磯城《しき》郡のことではない。［速吸の門］は［ソキウの門］で、襲（ソ＝大隅北部）と岐（キ＝肝属＝大隅南部）王（ウ＝沖縄・大隅語）の門ということ。鹿児島湾の入り口をさす。神武天皇は熊野から北上してヤマトを攻めたが、狗奴国が［クマノ国］であり、種子島には熊野の地名も残る。また天照大神対スサノオではスサノオの本拠地は［ヤク＝疫＝屋久島］で、この両島が出発点なのである。

◈ 破片も「復元」して初めて役に立つ

この例ではっきり分かることは、『記・紀』の編集者や、そこに集められた記事の筆者たちは、「歴史の真実」を知っていたわけではないということである。なんでもかでも記録らしいものをみな取り入れて、体裁《ていさい》よく、いかにも「歴史らしく」まとめたにすぎない。だから『記・紀』の記事は、十分、検討しつくしたあとでないと史実として使えない。「頼りないのは古い時代だけであとのほうは史実だと思う」と言う学者がいて、無思慮に「××天皇のとき」などと言っているが、あとのほうも十分、検討ずみだというわけではない。

しかし、もう一つ分かったことは、たとえ古い部分であっても、すべてがでたらめな作り話ばかりでもないということである。槁根津日子という名は、そのままでは実在しなかった名前だが、それは実在した名前から次第に変型したことが、復元法によって証明されたからである。

それは土器の破片のようなものである。その破片を基にして土器の原形が復元でき、それがなければ分からない全型が分かる。だからそれは破片であっても、大切な文化財なのである。

これと同じく言葉や地名、名詞なども、元の名に復元しなければ、かえって混乱を生みだして有害である。土器の破片でも完全に復元しないと、ウソの幻が混入して、学問全体を破壊してしまう。すべて念入りに正確に復元してこそ、初めて役に立つ「史料」になるのである。

◈幸運！　残っていた敵・味方、双方の記録

だが今の段階ではまだ「椎根津彦と武埴安彦との名前が、元は一つの名から分かれたのだという事実が立証されたというだけで、神武東征には崇神天皇と武埴安彦との戦いが混入しているにすぎない」と反論されたらどうしよう？

さらに詳しくこの二人が活躍した、その戦いを比較検討してみる必要がある。［神武紀］と［崇神紀］とには対応する共通点がどれくらいあるか、手短かに抜粋《ばっすい》してみよう。

1 〔崇神紀〕三年九月　「都を磯城に遷《うつ》した」

2 〔神武紀〕戊午年九月　「磐余邑《いわれむら》に兄磯城《えしき》軍がいる」

3 〔神武紀〕戊午年十一月　「大挙して磯城彦《しきひこ》を攻めようとする」

（崇神天皇の都は『磯城』。神武天皇が攻撃した相手も『磯城』の「磯城彦」）

4 〔神武紀〕戊午年九月　「夢の中で天神が天皇に向かって『天《あま》の香《かぐ》山の土を取り天《あま》の平瓮《ひらべ》などを造って天神地祇《てんじんちぎ》を祭れば、敵は自然に降伏する』と教え弟猾《おとうかし》も同じことを進言したので、椎根津彦は破れた衣服と蓑笠《みのがさ》を着、弟猾は箕《み》をかぶって老夫婦に変装し、ひそかに敵の間を通り抜け、香《かぐ》山の埴土《はに》を取って帰って神がみを祭った」

5 〔崇神紀〕十年九月　「聡明な倭迹迹日百襲姫《うわいととひほそ》が天皇に向かって『武埴安彦が謀反《むほん》する。彼の妻がひそかにやってきて、香《かぐ》山の土を『これこそ倭《うわい》国の物実《ものざね》』といって領布《ひれ》に包んで盗って帰ったという。すぐに対策をたてないと後手にまわれば敗れる』と教えた」

6 〔神武紀〕戊午年四月　「孔舎衛《くさえ》坂にむかえて会戦したが、流れ矢が五瀬の命のヒジにあたり……退却して草香《くさか》の津に至る」

7　［神武紀］戊午年十二月　「昔、孔舎衛の戦いに五瀬命が矢に当たって亡くなった」
8　［崇神紀］十年九月　「埴安彦の胸を射て殺した。敵は脅えて退却した」
9　［崇神記］　「その逃げる敵軍を追って久須婆《くすば》の」
10　［崇神紀］十年九月　「いま樟葉《くずは》というのは訛ったのである」

『くさえ・くすば・くずは』という、互いに変形しやすい発音と当て字をもった土地で、ともに攻撃軍の首脳が戦死している。五瀬の命は神武天皇の長兄で、武埴安彦も先にみたとおり「高チ兄彦」を意味する当て字『高埴安彦』が語源だから、やはり兄だった。

以上は、記事の一部分を抜粋したものにすぎないが、ごく細部にわたるまで多くの対応点をもっている。［神武紀］のほうは攻めた側、［崇神紀］のほうは守った側からみた、同じ事件の記録だったのである。

◈古代日本に大天才作家がいたか？

［神武紀］と［崇神紀］は初代天皇と一〇代天皇との記録ではなくて、同じ戦争を敵味方

が、それぞれ自分の立場から記録したものだったという事実は、もうこれで動かない。同じ事件だと分かるどの部分をみても、はっきり立場が敵味方に分かれていて、混乱した点がぜんぜん認められないからである。

しかし念には念を入れておこう。

先にみたように『記・紀』の記事の中には、脚色されたり、書き加えたりしたフィクションと分かる部分が確かにある。だとすれば、たとえどんなにうまく敵、味方の行動や、事件や、登場人物が一致していても、当たり前のことで、少しも不思議でもなんでもない。だからどうしても、それが本当の記録であって、作り話ではないという［証明］が必要なのである。

そう考えて私は長く『記・紀』の分析に取り組んできた。その結果『記・紀』は確かにおかしな修飾部分を含んでいるが、その骨格は真実の記録だということが分かったのだ。

例えば香山《かぐ》へ行った人物を、［神武紀］は変装した弟猾《おもうかし》だと知っているが、［崇神紀］は「聞くところによれば吾田媛《あたひめ》が……」と書いている。変装して、こっそりやってきた人間が誰だったか、相手側は知らないのが当然で、女性だというから、多分、武埴安彦の妻の吾田媛だろうと、外見だけで推測している。これはごく自然で、とても一つの記録を敵と味方に、二つに分けたものだとは考えられない。もしこれが創作だとすれば、当時すでに現代的なすごい天才作家がいて、敵味方を完全に書き分けたことになる。

仮に『記・紀』の編集以前に、そんな文学者が日本にいたとすると、①その能力を誇示《こじ》するのなら一見して二つの事件が同じと分かるよう、なぜ登場者などを統一しなかったのか。②なぜ、苦労して書き分けた立派な作品を二つに分けたのか。③それを、なぜ初代と一〇代とに遠く引き離してしまったのか。④一つを二つに分けたのなら、なぜ登場者の名前が違うのか。⑤同じ事件だと分かっては困るのなら磯城、墨坂、吾田媛、香山《かぐ》の埴土《はに》盗み、といった名詞や事件を、なぜ同じままで残しておいたのかという疑問が次から次へとわいてくる。

創作なら自由に全く別の物語を作るはずだが、それがこんな対応の仕方をするのは、事実、実際に起こった事件を、それぞれ相手の記録を知らずに、双方で別々に記録したものがあったからで、それ以外には、これほどピッタリ一致した記録が、二つに分かれて残ることは絶対にない。『記・紀』は、真実の記録と認めるしかない。

◇神武天皇夫人の名も「崇神紀」と一致

お気づきになったと思うが、これまでの部分では椎根津彦と武埴安彦は登場したが、かんじんの神武と崇神の名が出てこなかった。それはなぜだろう？　この答えは神武天皇の奥さんと同じ名の、武埴安彦の妻の名「吾田媛《あたひめ》」が教えてくれる。

神武天皇と一緒に東征した妃は『紀』には「吾田邑吾平津媛（アタ村のアヒラッヒメ）」。『記』には「阿多之小椅君妹名阿比良比売（アタのオバセのキミのイモ、名はアヒラヒメ）」と書かれている。

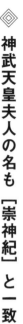

神武天皇の名はいくつもあるが、「狭野尊（サノのミコト）」「磐余彦（イワレ　ピコ）」というのはどちらも狭野、磐余という地名を、そのまま呼び名にした「名乗り」である。だから神武天皇妃は出身地が「吾田」なので、当然「アタヒメ」と呼ばれた。

この神武天皇妃の名でも「神武紀」と「崇神紀」とは一致した。「吾田媛」の夫は神武天皇なのであり、「崇神紀」はその夫を天皇の兄の武埴安彦だと思い違いしている。敵軍の実態を知らないために、これでは神武＝武埴安彦という等式になるが、武埴安彦＝椎根津彦で、この人物は、私たちにはもう［五瀬の命］だと分かっているから、［崇神紀］の筆者は［神武紀］の筆者とは別人だということが、はっきり立証されるのである。

◇「ハックニシラス天皇」問題の完全解決

神武天皇と崇神天皇とが、間違いなく同時存在だという証拠は、まだまだたくさんあるが、もう以上で十分だと思うので、最後に一つだけ、『記・紀』自身がはっきり「そうだ」と証言している一番重要な問題をとり上げておしまいにしよう。それは『書紀』が、この二人の天皇を、両方とも初代の天皇だと書いていることである。

だから『書紀』は歴史書としては、ずいぶん矛盾したものだということになる。もっとも、二人とも同じ字で書いてあるわけではない。次のようになっている。そして『記』のほうは、もっとおかしい。なぜなら一〇代目の崇神天皇のほうを「初代」と書いているくせに、「初代」のところに位置づけている神武天皇のほうには、何も書いていない。

［神武紀］「始駆天下之天皇《しぎょ》」（初めて天下を治めた天皇）

［崇神紀］「御肇国天皇《ごちょうこく》」（国をお始めになった天皇）

〔崇神記〕「知初国之御真木天皇」（初めて国を治めた崇神天皇）

これは、それぞれ別の字が使ってあるが、古来それを『古事記』の「知初国之」を参考に、三つとも「ハックニシラス」または「ハックニシラシシ」などと読まれて、「最初に日本の国を治めた」天皇という意味だとしてきている。

だがそう読むと、この二人は同時存在だなどとは夢にも思わない学者たちは、一〇代崇神天皇になぜそんな肩書きがついているのか？　という疑問が当然起こった。そんな学者が、この矛盾した肩書きをどう解説したか、みてみよう。武田祐吉校註『日本書紀』（朝日新聞社刊一九五三年）ではこれを、「新しい国土を御統治になった天皇」という解釈をつけたうえで、「この御代に四道将軍を派して辺鄙《へんぴ》の地も王化に従ったのでかやうにいふ」（原文のまま）。倉野憲司校注『古事記』（岩波書店刊一九六三年）は「初めて人の代の国家体制をととのえて治められた天皇の意」と解説。これは『記・紀』ともに、崇神のとき「はじめて人民に調役を科した。だからハックニシラシシ天皇と稱《シヨウ》す」と書いてあることによる。

この〔稱〕の字を、武田、倉野両氏とも「タタえた＝賞賛した」と訳している。〔調役〕というのは物や労働力を税として差し出すことだ。それまで出さずにすんでいたものを、強制的に取り立てられ、重労働に駆り出されて「立派な天皇だ！」と国民が喜びたたえることはない。

この程度の知性の学者たちは、「初めて日本を治めた」という肩書きが一〇代天皇についている理由が理解できなかったのである。しかし神武、崇神両天皇が同時存在だと分かってみると、神武、崇神双方が、どちらも「初代はこっちだ！」と書いているのは当然で、『記』はもっとはっきり「神武天皇のほうがあと」としている。『紀』の編集者は二天皇を別の時代に引き裂いたが、『紀』自身は、甲乙つけられない同時存在だったことを明確に証言しているのである。

◎立派な史書『日本書紀』と『古事記』

まだほかにも［神武紀］と［崇神紀］の双方に、「『八十平瓮《やそひらべ》』を作って神を祭った」という記事など共通のものがいくつもあるが、本書は学術論文ではないから、以上で十分だと思う。

これでも、まだ「偶然の一致だ」という人は、偶然というものが、そんなに大量に同時に、事件の内容も、登場人物も、地名も、こまごまとした小道具も、さらには会話の内容までが、これほど一致して起こるものかどうか、考えていただきたい。

この世に偶然の一致と呼ばれるものがあることは事実だが、それは大量に頻発《ひんぱつ》するものではない。一つか二つなら、それは一致というよりは他人のソラ似か、類似と呼ぶほうが正しいが、多数が揃って一致するものがあれば、それはもう一致というより、当然一致するのが当たり前のもの、「同じもの」なのであり、「本物」なのである。もしそうでなければ、それは、人工的に、一致するように作った作りもの＝フィクションである。

しかしこれまでみた限りでは、この［神武紀］と［崇神紀］の大量の対応は、決して創作やフィクションではありえない。それは自然な法則どおりに変化した名前と、互いに相手の真相を知らずに、想像をまじえて書いたと分かる文章がキーになって、やっと謎がほぐれたような、現代の頭脳を酷使《こくし》しても、これまで解くことができなかったほどの、千年を超える昔の人間の能力ではとても創作不可能な複雑なものばかりであった。いっそ創作なら、もっと簡単に片づくのである。

では『記・紀』の編集者は、この二人の天皇をなぜ、初代と一〇代に分けたのか？　真相を隠すためだったのか？

この二天皇の間には、ほとんど歴史記事がないために「欠史《けっし》天皇」と呼ばれる八代の天皇を、わざわざ挟んだようにみえる形に編集されている。

しかし考えてみると、それなら何も「ハックニシラス・アタヒメ・スミサカ」というような重大な手掛かりを、そのまま残しておくことはない。まるでなんの工作の跡もないという事実が「分離の原因は『記・紀』編者が、本当の歴史の真相を知らなかったためだ」と、何よりも雄弁に証言している。

『記・紀』は、たしかに頼りないところの多い史書である。しかし、その頼りない外見とはうらはらに、方法さえ正しければ、これまでみていただいたとおり、また『ヒミコ』でも立証されたとおり、私たちは史実を完全に復元することができた。

『記・紀』の実態は決して、戦後、ほとんどの歴史学者や、教師らが主張してきたような、「天皇が太古から日本を支配してきたと説くための作り話」でも、「宗教儀式などの説明のために創作した、いい加減な歴史」でもなかったのである。

第2章

邪馬臺へ攻めこんだ神武天皇

長髄彦の盾　神武天皇の敵・長髄彦はナガの根日子で、ナガの［タラシヒコ＝天皇］である。ナガはなにか？　左のナガ人のダンサーは奈良県出土の隼人盾と同じ［S字象徴模様］を描いた盾をもつ。隼人は山幸に負けた海幸。スサノオの八俣大蛇。伊支馬に負けた邪馬臺の内というふうに多くの別話がある。それを立体的に組み立てると、精密機械のように狂いのない立体像が得られる。私が本書でお話しするのはその『結論＝完成品』だけに近いが、一部分だけしか知らない「思いつき論」ではない。長髄彦は隼人町にいたとするときだけ完全に組み合わせることかできて、食いちがいがなくなる「敵の天皇」なのである。
左・ナガ・ダンサーの隼人盾　ナガ＝インド語の蛇。いまインド北西部にすむ人々の名。**右・神武天皇の戦闘図**　昭和10年（1935）当時の小学校教科書「修身巻二」の挿絵。

◈神武×崇神の戦場、ヤマトの位置確認

私は歴史の謎は、六つの『?』でできていると思う。①『だれとだれが（who）?』②いつ（when）?』③『どこで（where）?』④『何を（what）?』⑤『どんなふうに（how）?』そして⑥『結果はどうなったか（how will）?』の六つである。これに『なぜ（why）?』を加えてもいい。これは世界のマスコミが、完全な報道をするための原則にしているものと、全く同じである。それは当然のことで、「歴史」とは特別に演じられたり、脚色されたりしたものではなく、人間のごく普通の事件の記録であって、それは今も毎日起こっている出来事と同じものだからである。

だから、この『ジンム・プロブレム』もまた、すでに第一章で、①『だれとだれが（who）?』と、②『いつ（when）?』の二つははっきり確認することができた。次は③の『どこで（where）?』が課題である。もっともそれもすでに「鹿児島県であった」ことは、ほぼ、ご納得いただいているが、過去の「邪馬台国は、どこか?」という全国民的な、強烈な興味に答えるには、それでもまだ十分ではないと思うので、ここで徹底的に、本当に

鹿児島だったか、「それならなぜ、奈良ではなかったのか？」という、疑問が残らないようにしておこう。

従来も「大和」と「邪馬台」とが、どちらも「ヤマト」と読めることに気がついて、これを「神武東征」と結びつけて、北部九州からの「邪馬台国東遷《とうせん》」だと唱えた学者もいた。

しかし私たちはもう「神武東征」の記事が、ヒミコ・プロブレムのクライマックスである、卑弥呼が死んだ当時の邪馬臺国へ狗奴国男王が侵入した、あの「邪馬臺国戦争」であり、その当時の邪馬臺は、鹿児島の隼人町以外には絶対にないことを、すでに完全に知っている。

◈戦場は絶対に奈良県ではない

今でも当時のヤマトを奈良県だと思いこんでいる人がいるが、その間違いを立証する根拠は大量にある。その第一は「文献史料」で、これはもうお分かりいただいた。

第二の証拠は「気候」だ。『倭人伝』には「倭地は温暖で冬も夏も生野菜《なまやさい》が食べられる」と、その地域が準亜熱帯だったという地理条件が、特に念入りに書いてある。

ところが山口大学名誉教授山本武夫氏によれば、「邪馬臺国戦争」当時の北半球は、寒さが厳しい時代で、小氷期のうちでも最大の極寒期だった。東京天文台編の『理科年表』の世界気温分布図でみると、鹿児島と奈良の一月の気温差は、一〇度近くもある。月別平均気温は七度と三・四度。奈良の二月はマイナス〇・五度で、小氷期どころか地球温暖化が心配されている今でも、奈良の最低気温記録は一九七七年、マイナス七・八度だった。

これではとても冬に生野菜が食べられるわけがない。その六〇〇年後の九世紀末には世界は温暖期に入っていたが、それでも「春の野に野草をつみにでかけた。ところがまた雪だ」という歌を、これは京都であるが、光孝天皇（第五八代）がよんでいるくらいなのだ。

「君がため春の野に出でて若菜摘《つ》む　我が衣手《ころもで》に雪は降りつつ」（小倉百人一首）

『倭人伝』には、人々は「横幅衣《おうふくい》（布のまま体に巻きつけ最後の端を肩の上で結ぶギリシャ人やインド僧が着ているものヒマティオン＝巻衣）や貫頭衣《かんとうい》（布を頭と手が出る部分を残して筒状に縫っただけのものキトン）を着、裸足」だと書いてある。これでは小氷期でなくても奈良の冬は過ごせない。そして神武天皇はいちばん寒い元旦に即位している。私たちが絵で見る神武天皇たちは薄い白衣に鉄ヨロイを着ているが、そんなスタイルでは今でも凍死する。

しかし『記・紀』には、寒さについては全然何も書いてない。そのくせ、戦闘場面では「空が暗くなって氷雨が降ってきた」などと細かい状況まで描写してあるのである。

ことに私たちが知っているヒミコを取りまく倭人は、南の島々で暮らしてきたことの確かな人々である。神武天皇はその人たちを「美地（美味《うま》しクニ）＝豊かな土地」へ移住させるのが目的だった。それなのに、確かに冬でも野菜が食べられる南九州から、遠くて痩せた土地、極寒の山国「奈良」へ、大変な苦労をして大軍が旅をし、戦争までしてなぜ、攻めこむ必要があったのか？　それは目的とまるで正反対だ。

◇風の名前の「のぼり」「くだり」

同じ気象学の分野に入るものに、古代から使われている［風の呼び名］がある。［東風］をコチと呼んで「東風吹かば匂い起こせよ梅の花　あるじなしとて春なわすれそ」とよまれた、あの風の名である。北から南へ吹く風を［のぼり］といい、その反対に吹く風を［くだり］という。ＪＲの列車ダイヤの古代版である。

ご存じのとおり、それは都の位置を示している。京都に都があったときは東から西へ行くのが「のぼり」だったし、首都が東京に変わると、今度は西から東へ行くのが「のぼり」になった。京都と東京の間では、都の位置にともなって反対に変わったのである。

これは古代に考えだされた方向の表示法で、それがそのまま「風の方向」にも使われていた。だからこの風の名が使われた時代には、「都は南にあった」のである。仮に奈良に都があった時代だとすると、この風名が使える地域は京都府の東部と福井県の小浜《おばま》地方ぐらいしかないが、実際には近畿以西の広い範囲で使われていた。

とすると奈良・京都以外の、それも広い地域の人々がかなり長いあいだ、都は南にあるものと決めていた時代があり、そのときに生まれた表示法が現代まで使われているということになる。これは都が北九州でも生まれる名ではない。どうしても古代南九州に本格的な都があったという証拠なのである。

◈倭人は大家屋に住んでいた

第三の証拠は「埋蔵文化財」である。『倭人伝』には「屋（家屋）には室（部屋）があって、父母、兄弟、臥息《がそく》（寝たり休んだり）する処は異なる（皆《みな》、別々の部屋をもっている)」と、書いてある。またその家族構成も「大人《たいじん》(地位のある者は)皆《みな》(すべて)四五婦(四〜五人の妻がいる)。下戸《かこ》(一般人)でも二三婦(二〜三人の妻がいる)」と書いてある。いま日本中のあちこちに復元されている弥生家屋のような小さな家では、とてもそんな生活はできない。だからたとえ下戸の家でも一軒一軒がどれほど大きかったかがよく分かる。

そのことは当時の家屋を写生した家屋文鏡《かおくもんきょう》に二階建ての家があることで、当時の建築水準が分かるし、そこにある船型屋根家屋はインドネシアのスラウエシに住むトラジャの人々が現在も保存している大家屋だが、それは非常に広くて大きい(私の『邪馬臺国の言葉』＝前出、や『日本人のルーツ』一九八三年刊・保育社カラー・ブックスに掲載)。

そんな大家屋・大家族主義は、今も有名な岐阜白川の「合掌造り家屋」として残っているし、「神武紀」にも「大国主の国譲り」にも「太い宮柱の千木そびえる」宮殿という形容があり、古代の様式を残す南九州の藁《わら》葺《ぶ》き家屋にも大家屋があり、古来の木造建築技術で大建造物ができることは、伊勢の皇太神宮や全国の神社、仏閣の大きさをみても分かる。

上・ミヤンマーと日本の合掌造り大家屋　岐阜県白川村の合掌造りの大家屋（右）は有名だが、東北ミヤンマーのカリエン人も、やはり合掌造りの大家屋（左）に住んでいる。

下・鉄製の五尺刀２ふりが出土した弥生中期遺跡　鹿児島県揖宿《いぶすき》郡山川町の成川遺跡。『魏志倭人伝』は、卑弥呼が魏帝から［五尺刀２振り］をもらったことを記録している。

◈考古学は「東征はなかった」と証言する

『倭人伝』の中に描写されている［ヒミコの居処］は、「宮・室・楼・観・城・柵を厳しく設け」と書いてあるが、中国で［楼］というのは二階建て以上の高層建築のことであり、「観」というのは古来宗教建築のことである。［城］も堅固な高い城壁を巡らしたものをいう。［宮］はもちろん宮殿で、当時の中国人の常識では豪壮を極めた建築物を指す。

こうした記録を従来の説では、伊都国までしかこなかった帯方郡使が、倭人に聞いて書いた聞き書きだろうと、いい加減に想像しているが、『倭人伝』には明瞭に「梯儁《ティシュン》が倭王に拝假《はいかく》し（直接会って）魏からの贈りものを渡した」と書いてある。またこの倭王を、ヒミコ以外の男王だというおかしな説もあるが、ヒミコははっきり［親魏倭王］という称号を受けたのだから、そのときの［倭王］は彼女以外にはない。梯儁はヒミコの豪壮な宮殿や寺院や高層建築や城壁をその目で見て、相当する中国建築を基準にして報告したのだ。

いま佐賀県の吉野ガ里遺跡に掘建て式の弥生家屋と「物見ヤグラ」程度の貧弱なものとが復元されているが、当時の中国には極く小さな村でももっと立派な邸宅があった。吉野ガ里程度のものなら梯儁は絶対に宮室楼観などとは書かない。それどころかヒミコがどんなにお粗末な家に住んでいるかを「特筆大書」して報告する［義務］があったのである。

ところで、例の家屋文鏡は奈良で出土したが、奈良はいくつもの国・公・私立考古学研究機関をもつ日本一の考古学研究のメッカなのに、三世紀当時の遺跡からは、そんな大型家屋の立ち並ぶ都市の遺構はいまだに見つかっていない。それらの世界に誇る研究機関の専門家が、そろいも揃って、そんなに大きな遺跡を見落とすはずはないから、これは世界的な考古学の最高権威者たちが、異口同音に「三世紀の『邪馬臺国戦争』、いいかえれば『神武東征』は、奈良県内の事件ではなかった」と証言していることになるのである。

埋蔵文化財には当然［武器］もある。奈良の弥生後期遺跡からは鉄器は発見されていないが、鹿児島県山川町の成川遺跡からは、ヒミコが魏から贈られた五尺刀に匹敵する鉄刀二振りや、鉄器一〇〇以上が出土している（拙著『異説・日本古代国家』一九七三年・田畑書店参照）。

しかしこれまで日本では土器や埴輪や鏡や青銅器などのように、たくさん出土するものや、派手なものは図鑑などになってよく知られているが、地味な出土品はほとんど国民の目にふれない。だからこうした最も重要な文化財が、日本建国の謎解きでは最も重要な

『邪馬臺問題』や『神武東征問題』には何の役にも立たず、日本人はいまだに本当の『建国史』すら、もっていなかったのである。これで発掘考古学というものがこれらの謎ときにはいかに無力な学問か、よくお分かりになったと思う。発掘物だけでは謎は解けない。文献史学が謎を解いた後で、やっと「あと追い証明」するだけのものなのである。

◈考古学の最有力証拠は【古墳】

その最大の実例が近畿の古墳群である。弥生時代末期の墓制（遺体の葬り方）をみると、北部九州では支石墓や箱式石棺、それに多くの甕棺《かめかん》が見られる。それらはすべて畑や丘などの地下に埋められている。古墳は原則として土を高く盛り上げたもの（山や丘も入れる人もある）だから、それらが古墳ではないことは学者でなくてもすぐ分かる。北部九州ではまだ三世紀の古墳は見つからないし、近畿でも三世紀より以前の古墳が見つかったという報告はない。

ところが『倭人伝』には漢の時代に一〇〇余国、三世紀には三〇国あったことが記録されている。そして卑弥呼が共立されたのは桓《かん》帝、霊帝のころで、その前は男王が七〇～八〇年間治めていたと書いてあるから、男王は紀元八〇〜九〇年ごろから君臨していたのだ。

天皇家の墓制の特徴が古墳であることは天皇陵を見れば分かる。卑弥呼が天照大神であり、天皇家の祖先であることも疑う余地がない。彼女も死後大塚に葬られたが、天皇家の墓制からみて、それが古墳だったことも間違いない。とすれば邪馬台国があった地域の近くには、少なくとも一世紀ごろからの古墳群があるはずである。卑弥呼は神功皇后《じんぐうこうごう》でもあるから、その前には十四人の天皇が記録されている。だが現在の考古学は三世紀より前の古墳は畿内にはないという。これは「邪馬台国は北部九州でも畿内でもない」という最も有力な証拠なのである。

◎古墳は邪馬台国を証明しない

今の考古学の定説がダメなものならともかく、それを信じるかぎり奈良県や畿内邪馬台説は、なり立たない。では新たに紀元前後のものと確認できる古墳が見つかったら、そこが邪馬台国だという証拠になるだろうか？

たとえその古墳から王の名の入った墓誌が見つかっても、ヒミコの前の男王は名前が記録されていないので、証拠にならないし、またさらにほかの文献で、その王名が見つかったとしても、国そのものが、いくらでも移動するものだから、そのたびに遺骨や副葬品が新しい土地に運ばれて改葬されたとすれば、いくら放射能を測定して年代が分かっても、そこに邪馬台国があったという証拠にはならない。

この見方は古墳人が改葬する習慣をもつ場合にかぎる、という反論があるかもしれないが、天皇家には、はっきりと殯《もがり》という習慣があって、仮葬したものを後に古墳に本葬する建前になっている。そして『ヒミコ』で明らかに証明されたように、応神天皇までの朝廷が隼人町にあったのだから、今、畿内にある［それ以前の天皇陵とされるものは、すべて改葬されたもの］ということになる。古墳ほど巨大で、移動しない存在でさえ、邪馬台問題のキメ手には、まるで役立たない。それは〈ない〉証拠にはなるが、〈あった〉証拠には使えないのである。

◈名乗りが解く神武天皇の領土の謎

第四にその裏づけとなるものに［神武天皇の名乗り］がある。それは私が発見するまでは、みな個人名（で後世の贈り名）だとされていたものである。しかし『ヒミコ』でも、それ以前の本でも証明し続けたとおり、それは天皇が領有する領土名を連ねた［名乗り］なのである。

だからそれを分析すれば、その天皇の、当時の領地がどことどこだったか判明する。やってみよう。神武天皇がヤマトの橿原で即位した後の名乗りは次のとおりである。

［神武紀］　神　日　本　磐　余　彦　の天皇
　　　　　コウ　クマ　モト　イワ　アマリ　ケン
　　　　　高　肥　素ソ　委和　奄美　毛の
　　　　　高句麗　球磨　大隅　倭国　奄美　沖縄ギリシャ人国　の天皇

なぜ高句麗が一番最初にあるかは、この本で詳しく説明していくが、彼はその直前まで本当に高句麗国王だったのだ。球磨大隅は地域的には女王国の中枢部で、これは『ヒミコ』で説明した邪馬壹《いち》国へのコースでよく分かる。倭国はその他の連邦の国々。それに南海の故郷の島々。これが彼の名乗りたい領土名だったのである。このうち磐余は従来［イワレ］と読み、奈良の小さな地域の名だとされてきた。が、それでは元高句麗国王が泣く。

◇いくつもの「大邪馬臺」の分布

まだまだ、このほかにも大量に「奈良ではない」という理由と証拠がある。しかしその総量はこの本一冊ではとても書ききれない。またこのあともそれはいろいろな主題とともに顔を出す。だからこのくらいで十分お分かりいただけたとして、次を急ごう。

『記・紀』の〔神武紀〕と〔崇神紀〕の戦場が奈良ではないとすると、「では、大和朝廷と邪馬台国は全く無関係か？」とお考えの方もあると思うが、そうではない。

その〔東遷〕は、従来の神武東征の想像説のような「短い年月のあいだに、日向からいきなり奈良へ侵入した」というようなものではなく、徐々に、数世紀をかけて、少しずつ都を移していったものである。それは順序正しく並んだ痕跡地名と、それを裏づけるものが、いろいろな学問の分野に証拠として大量に見つかっているからである。

その「証拠」のうち、第一の「地名」についてお話ししよう。まず「大邪馬臺国」が南九州から奈良県を越えて三重県まで、間隔をおいて点々と分布しているという事実である。このことは『ヒミコ』でもう説明ずみだが、まだお読みでない読者のために簡単に説明しておこう。「大」を沖縄・南九州方言では「ウ」と発音する。だから「大ウ・邪ジャ・馬マ・臺ダ」。すなわち「宇治山田」という当て字と同じ発音になる。これは伊勢市の元の名である。

近畿には、この「大邪馬臺」という地名が層になって重なっているのがみられる。京都府には「宇治市」があるが、そこは古代に「山代」と書かれた国の一部である。山代は「ヤマダイ」と読めるから、これも「大邪馬臺」が元になった地名だと分かる。

これを西に進むと、岡山県の東南部、瀬戸内海に面して「牛窓」という港町がある。ここも「大ウ　邪シェ　馬マ　臺ド」と、きれいに発音が揃っている。「邪シェ」と「臺ド」の発音は前のものとは異なるが、漢字の発音が地域と時代で変化する一定の規則の中にある発音で、決してこじつけたものではない。

そしてここには神功皇后伝説があって、牛が転《ころ》んだので「牛まろび」という地名だったのが、牛窓に変化したのだという地名説話が残っているが、これは地名の真実を隠すためか、または本当の史実が分からなくなって、いわゆる物知りが、いい加減なこじつけ話を作りあげたとみるかである。「大邪馬臺」とピッタリ合い、その発音も漢字の発音変化の規則どおりなのだから、その地名は「大邪馬臺」の移動コースを示すものとみるのが理性的である。

九州と近畿との間には、中国地方のほかに四国がある。ここには「倭ウワ　之シ　国マ」と読める当て字をもつ愛媛県の「宇和島市」がある。これは大邪馬臺ではないから、細かく分類すれば、別の国とみなければならないが、「倭《うわい》国」が南九州から奈良へ移動した過程でここに都をもった遺跡であることは間違いない。単純な「神武東征」はなかったという証拠だ。

ヒミコが「邪馬臺戦争」で死ぬまで君臨して、都していた「邪馬臺国」は、疑う余地なく南九州の隼人町だった。そこのメイン・ストリートが「内山田」である。ここがこれまでみてきた大邪馬臺の発祥の地だ。なぜなら「大ウ　邪ジャ　馬マ　臺ダ」だからである。

この「邪ジャ」が「邪チヤ」になるのは、「治」の読み方が二つあるからである。自治省は「ジチショウ」と読むが「ジジショウ」とは読まない。しかし明治は「メイジ」で「メイチ」ではない。私の姓は標準語では「カジキ」と読まれるが、鹿児島での本当の発音は「カチキ」なのである。これでお分かりのように、加治木町と隣りあっている隼人町では「ジ」でなく、「チ」と発音する。だから「ウチヤマダ」なのである。

過去の「邪馬臺国東遷説」が正しいと仮定すると、奈良は「大和」でなく「内山田」と呼ばれたはずである。ところがそこには痕跡もない。だから、それは一足飛びに近畿へ移動したと考えるよりも、「倭之国《うわしま》」と読める地名のある四国を経由して近畿へ移ったとみるほうが、より合理的なことはいうまでもない。

読者の中には勝手に「大」をつけてはいけないと考える方もあると思う。しかし邪馬臺国は南九州よりも、さらに南から移動してきた「痕跡地名」を残している。そこでもすでに「大」がついている。私が「大」を沖縄・南九州方言で読んだのも、そうした理由があったからである。もっと詳しくみてみよう。

◈国をラ・マ・ヤ・ナと呼んだ古代日本人

それは「大」を「ウ」と発音すると「大島」も「ウジマ」で、現に沖縄奄美地方の人たちはそう発音している。この語尾の「マ」は古代日本語で「国」を意味する「マ」だから「宇ウ　治ジ　国マ」である。宇治市や宇治山田の「宇治」はこれだったと、そのルーツがよく分かる。

古来の日本の地名を詳細に検討してみると、古代日本には国のことを「ラ・マ・ヤ・ナ」

と呼んだ人々がいたことが分かる。松浦や始良や奈良や平や、小倉、鎌倉、佐倉などの倉のつく地名と、吐喝喇《とから》、伽羅《から》、新羅といった古代の国名は最後を「ラ」で締め括《くく》っている。波照間《はてるま》、多良間、池間、慶良間《けらま》は沖縄県の島の名前だが、それらは古代にはそれぞれ独立国だった。『倭人伝』の国々、投馬、斯馬、邪馬はもちろん、巴利国も後の播磨《はりま》と比べてみると、その語尾の「マ」は「国」を意味する言葉だったことが分かる。

ギリシャ、インディヤ、マラヤなどは「ヤ」で終わるが、それらはギリス、インド、マレーなどの国名に、国を意味する「ｉａ＝ヤ」をつけたものである。同じものは日本にもあり、南からみていくと、沖縄の伊平屋に始まり、鹿屋、諫早《いさはや》、芦屋、大宮、宇都宮や、関東から東北にかけて多く分布する世田谷、渋谷、保谷、熊谷、岡谷、小千谷《おぢや》などの「谷」で終わる多数の地名も同じ系統の国名の名残である。

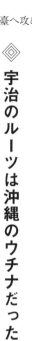

◇宇治のルーツは沖縄のウチナだった

日本では「ナ」がいちばん少ないが、お隣の中国もチャイナだし、アテナ、アダナ、チラナなどギリシャ・ラテン系の地名には大量に見つかる。日本の歴史文献では任那（ミマナ）が有名だが、ほかにも伊那や芦品《あじな》、津名、山名などがあり、ことに『倭人伝』には奴国をはじめ奴が後につく国名が七つあり、そのいくつかはこの国称の「ナ」である可能性がある。また「伊邪国」もイザナキや伊是名《いぜな》島などと比較すると、「イザナ」と読まれていた国だったことが分かる。

ことに沖縄は、その本当の国名の発音が「ウチナ」であり、そこには嘉手納《かでな》、恩納《うんな》、水納《みんな》といった「ナ」が語尾にくる地名や島名がある。

先にみたように「宇治」は「ウチ」という発音への当て字であったから、「ウチナ」は国を「ナ」に置き換えた「宇ウ　治チ　国ナ」で、奄美大島の「宇ウ　治ジ　国マ」と同じものであったことが分かる。マとナが変わっただけだったのだ。だがそれはどちらも、直接［大邪馬臺国］とは結びつかない。宇治山田の前半分だけしかないからである。

この謎はどうすれば解けるであろうか？　たとえ前半分にしろ、関係があることは分かったから、今、沖縄にある地名を調べてみれば何か分かるかもしれない。そうみて調べてみると、実に素晴らしい答えが見つかった！　地名は歴史を「保存」していたのだ。

◎「沖縄邪馬臺国」の実在

読者は『倭人伝』が記録していた倭国連邦の三〇カ国をご存じだと思う。その国名の大半の原型が、この沖縄県に現存する地名の中に見つかったのである。といっても、『魏志倭人伝』そのままの文字や発音が残っているわけではない。それは時代の経過にもよるが、それよりも『倭人伝』が記録したのは、すでに九州本土全域に拡大した後の国名で、遠いものは狗邪《くじや》韓国のように、朝鮮半島にまで達していたものもある。

当然その土地土地の方言の影響で、はじめは沖縄方言だった国名も次第に変化してしまった。だから、方言の違いと変化を考えに入れて原型に復元する方法、私たちの『言語復原』技術で初めて、今、沖縄にある地名が『倭人伝』の国名と同じものだったことが分かるのである。

しかし会話と違って、地名の読み方はそんなに難しいものではない。沖縄方言には「eエ」と「oオ」の母音がないために、ほかの母音で代用することと、標準語の「キ・シ・ツ」がみな「チ」に変わる場合がある、ぐらいのことが分かっていれば、沖縄の地名も一応、日本語である。決して難しくない。

理解できるまで、何度も、ゆっくり読んでいっていただけばいい。ほかの方言については、必要に応じて説明すれば十分理解できる、ごく簡単な謎解きである。

◎倭人三〇カ国の出発点は沖縄

『倭人伝』に書かれた倭人連邦の国名を、その順序どおりにみていこう。

1「狗邪韓国」＝この狗邪は「クジャ」だが、これに合うのは現在の沖縄市の旧名「コザ」。

これは漢字では「古謝」と書くが、本当の発音は「クジャ」でピッタリ一致する。

2「対馬」＝「ツイマ・タイマ」が元の字音である。今、奈良県にある当麻寺は「タイマ寺」。沖縄では中城村に「当間」がある。

3「一支」＝「イキ」＝これは現在の壱岐。与那城《よなぐすく》村に「伊計《いき》」。平良市に「池間《いちま》」がある。

4「末盧」＝「マツラ」＝沖縄方言ではラをダと発音する場合がある。楽「ダク」。油「アンダ」。葛「カズラ＝カンダ」。中村「ナカンダ」。だから「マツラ」は「マツダ」と変わる。宜野座《ぎぬざ》市に「松田」がある。

5「伊都」＝「イツ」＝「糸満市＝伊都国（イツマ）ン（の）」への当て字。

6「奴」＝「ナ」＝那覇市＝奴国は「ナマ」。マ＝馬＝バ。那覇は、初めは「ナバ」への当て字だったものが、「ナハ」と清音に変わったことになる。

7「不弥」＝「フメ・フミ」＝これは『倭人伝』では「久留米」。中国人は「漢」を「ハン」と発音する。カ行をハ行に発音するから「クルメ」を「フーメ」と聞いたのである。沖縄では「久米《くみ》」島。「古見《くみ》」竹富町。「来間《くるま》」下地村。

8「投馬」＝「トウマ」＝「当間」。「桃原《とうばる》」も「投馬トウバ・国ラ」である。この重箱読みの地名は、那覇市、西原市、沖縄市、国頭《くにがみ》村、与那城村にある。

9「邪馬臺」＝「山田」が名護市と恩納市にあるが「ジャムディ」に合うものはない。

10「邪馬臺」＝この当て字に合う「ヤマンチ」は「山内」で、沖縄市にある。

11「斯馬」＝「シマ」＝「島尻《しまじり》」が島尻郡、平良市、仲里村、伊平屋《いひや》村にある。

12「己百支」＝「キモチ」と読めば「久茂地」が那覇市にある。

13「伊邪」＝「イサ・イセ」＝「伊佐」宜野湾市。「伊是名村」。

14「都支」＝「トキ」阿「渡喜仁《ときじん》」今帰仁《なきじん》村。「渡慶次《とけじ》」読谷《ゆんだん》村。

15「弥奴」＝「ミナ」＝「水納」多良間島。

16「好右都」＝「コウツ」＝「古宇利」今帰仁村。「高離（古名）今の宮城」与那城村。

17「不呼」＝「フコ＝フク」＝「福地」糸満市。「福里」城辺町（宮古）。

18「姐奴」＝「チナ」＝「知名」「知念」知念村。

19「対蘇」＝「トウソ」。「豊見城」は（南九州方言）では「トミゾ」と発言する。豊見《とみ》城村。

20「蘇奴」＝「ソナ・スナ」＝「砂辺」北谷村。

21「呼邑」＝「ゴヤゥ」＝「胡屋《ごや》」沖縄市。

22「華奴蘇奴」＝ぴったりのものはないが「仲宗根」は南九州方言なら「ナカンソン」と発音することも可能である。この方言は語頭の「ナ」が聞きとりにくいから、「カンソン」だけに「華奴蘇奴」と当て字された可能性もある。無関係と切り捨てるのは間違いである。「仲宗根」は平良市。沖縄市。今帰仁村に分布。

23「鬼」＝「知花」沖縄市。これは「キ＝チ。バ＝マ＝国。ナ＝国」とみると、マとナの二つの「国」の呼び方が重なっているのがみられる。こうした実例はこの地方でたくさんみられる。これは別の呼び方をもった人々が、次々に移住してきて前の国名の意味が分からないまま、自分たちの呼び方の「国」を、くっつけていった痕跡である（例、慶＋国ラ＝キラ。＋国マ＝キラマ。＋之国シマ＝キラマシマ＝慶良間島）。

24「為吾」＝これは後世「為イ吾ワレ」＝「イワレ」と読まれた地名の原型である。「伊波」石川市。「伊覇」東風平《くちんだ》村。「伊原」佐敷村。

25「鬼奴」＝「キナ・チナ」＝「喜名」読谷村。「知名」知念村。「宜名真《ぎなま》」国頭村。

26「邪馬」＝「ザマ」＝「座間見」村。

27「躬臣」＝「カンジン」と読むと「兼次（カニジ）＝今帰仁村」が近いが、キュンジンと読むと「今（キン）帰仁村」の方が近くなる。「今帰仁」の今の発音は「ナキジン」。

28「巴利」＝「ハリ」＝沖縄の三母音語はマレー語の影響がたくさんみられるから、「ハリ＝日」

とみると、「平＝ヒラ＝日国」で「平良」市のことになる。

29「支惟」＝「キイ・チヂワ」＝沖縄の古名は「キヌ・チヌ」で、それが「紀」や「紀伊」と書かれたことは『ヒミコ』で詳しく説明ずみである。だからこれは広く沖縄を指しているが、これは漢・魏時代の上古音で読むと「チヂワ＝千々石＝長崎県大村湾の古名」に一致する。（拙著『邪馬臺国の風雲』一九八五年・言語復原史学会刊、参照）

沖縄の「喜舎場《チジャバ》」は鹿児島市の「騎射場」とともに「チヂハ＝チヂワ」と同じものへの沖縄型当て字で、それらのルーツに当たる。

30「烏奴」＝「恩納《ウンナ》」がよく合うが、「宇根」仲里村。「宇良」国頭村なども同じ仲間である。これを「ウド」と読むと「大度」糸満市。「大堂」本部町などが合う。

「狗奴国」は倭国に属さないから、後の章で改めて別に詳しく検討することにする。

これらの地名が全部、のちの邪馬台三〇カ国になったわけではない。それらの土地の出身者が新しい移住先に故郷と同じ名をつけ、それが発展して、当時の「国」になったのであって、国といっても千戸から数千戸ほどの町村程度のものだった。しかしそれでもその総計は沖縄県には入り切れない大きさに達していた。首都の邪馬壱国だけで七万戸、大家族だからどんなに少なく見積もっても一〇〇万人を超える。現在の沖縄県全体の総人口に匹敵するのである。

◇あまりにもムチャな『南島・邪馬台国説』

だから邪馬壱国の一〇〇万を超える人口は当時としては超大国である。宝貝産業崩壊後の沖縄ではとうてい養える人口ではない。邪馬壹《いち》国の母体になった邪馬臺《ジャムディ》政権が大国に成長するにも、沖縄からの移動後、農地の開発に、かなりの歳月が必要だったことを見落としてはいけない。

　これで邪馬毫国の［原型］が「沖縄にあった」ことが、確実にお分かりいただけたと思う。沖縄は現在も「ウチナ」という発音を残している。その名は「宇ウ治チ国ナ」で、「大邪馬臺＝宇治・山田」の前半分だけの地名である。あと半分に当たるのが「耶ヤ馬マ臺ダ」であって、それは鹿児島県隼人町の名だ。そこで合体して初めて「宇治山田《うちやまだ》」という地名が完成した。だから三〇カ国に合う地名があっても、沖縄が「ヒミコの邪馬臺国」だったのではない。

　また沖縄を出発した集団が途中、大島を経由したことも「大島ウジマ＝宇治国」で完全に証明される。しかし沖縄本島と奄美大島は、また［陸行一カ月］で着くという邪馬壹《いち》国の条件にも合わない。それは島のサイズを見ただけでも分かるが、どちらも住環境に適した都市は海岸に近い位置にある。荷物を担いで行くのと船と、どちらが速く、どちらが楽かと考えれば沖縄本島を一カ月もムリに縦断したとするのは、あまりにも愚かな想像だと分かる。ことに奄美大島説の場合は［一〇〇万を超える人口］と［陸行一カ月］だけ考えても、全然可能性はない。

◎ほんとうに会稽東治《かいけいとうち》の東にある邪馬壹《やまいち》国

従来の邪馬台国論だと、三〇カ国の国名と一致する地名がこんなに大量に見つかれば、すぐ「十分な証拠だ！」と、『邪馬台国は沖縄だ』という本が書店に現れたはずである。しかし、最も重要な条件、「陸行一カ月」する陸地がないという致命的な不一致点があれば、そんな本は早トチリのサンプルにしかならない。さらに『倭人伝』解読は一字一句でも見逃さない者でないと無理だ、という難しさの実例を、もう一つご覧にいれよう。『倭人伝』には「邪馬壹《いち》国」と中国との相対的な位置関係を、はっきり具体的に書いた記事がある。それは「帯方郡から女王国まで万二千余里」と書いた後に「その道のりを計るとちょうど、会稽東治の東に当たる」と書いてある。この「東治トウチ」を過去の解説者は「東治トウヤ」と読んできた。会稽は今の浙江《チヨーチヤン》省の紹興《シヤオシン》で、「東治トウヤ」は福建《フーチエン》省の福州《フーチヨオ》である。お手元の地図で見ていただくとすぐ分かるが紹興の東が大隅熊毛に当たり、福州（目印は台湾の北端の西、閩江《ミンチヤン》の河口）の東に沖縄がある。この距離は朝鮮半島南端から九州本島南端までの距離だ。［邪馬壹国］はそんなに大きいわけがないから［東治トウヤ］と読むのは間違いだとすぐ分かる。それは写真の原典の文字をみても、絶対に［治ヤ］という字ではない。

◈「東治《とうや》」は［東治（トウチ）］が正しい

［治チ］という文字を勝手に［治ヤ］と読み変えることは許されないから、これは［治チ］と読むしかない。この文字は、文字の国である中国では当然、版を刷る前に史家によって検討校正されるから、仮に印刷屋が間違えて彫っても彫りなおして私たちの目には触れない。また重要な倭の首都の位置を明示するための、わざわざの書きこみなのだから、そんな大きな誤差があっては、その［万二千余里］も［行程］も何もかもズレが生じて、『倭人伝』全体の信頼性さえ吹っ飛ぶ。一字の誤りも見逃さないから「治チ」が正しいのである。

またこれを［福州が会稽の東治《ヤ》］だとして平気な著者もいる。しかし［会稽］が呉《ゴ》で、その南が越《エツ》、さらにその南が［閩《ビン》］福建なのだ。そんな他国に会稽の一部があるわけがな

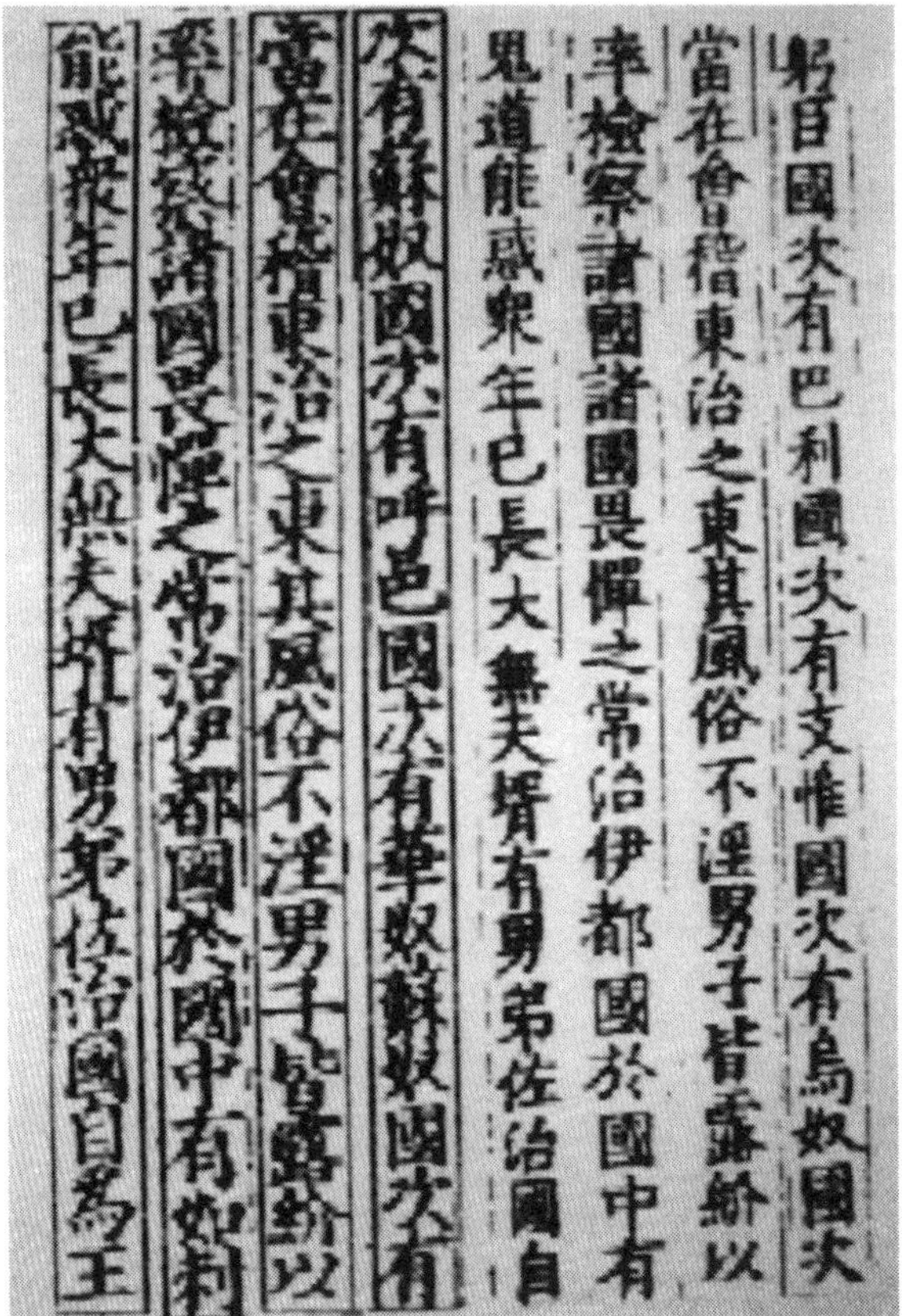

中国の『魏志倭人伝』の文字は正確　中国の『三国志』の本はどの版をみても［東治《とうち》］の［治］の文字は、他の［治める］という字と同じ三水偏であり、［冶《や》］は二水偏でここに書かれた［次］の字のように全然書き方が違う。だから［トウヤ＝東冶］と間違うことは絶対にない。右は『紹興版』。左は『百衲《とつ》影宋本』であり、どの版をみても明瞭である。これは福建省の［東冶］が文字だけでなく地理的にも無関係なことは常識だからなのだ。

い。まるで中国の地理も歴史も知らないことを、自分で宣伝しているだけなのである。だから、どこからみても絶対に［東冶《ヤ》］では、ありえないことが確認できたのである。では［会稽東冶］とはどこか？　それは会稽県の東部一帯を管轄する役所がある土地のことだ。『倭人伝』は、このように「点一つ」でも精密な研究がいるのである。だから点どころか、もっとはっきりした文章で書いてある重要な条件まで、見落として気がつかない人の説は、全く信頼できないし、また議論して理解できる相手ではない。

第３章

ヒミコの悲劇と和人の高度文明

ヤオ人と銅鼓《どうこ》の儀式　鉢巻きをキリリとしめた威勢のいいオッサンらが、揃ってドンドコと銅鼓を叩く、それは左右の手のバチの太さが違うので、鐘と太鼓を合奏しているように聞こえる。今にも［河内音頭］が聞こえてきそうな光景。しかし場所は中国・広西省である。

◇比較的正確な陳寿《ちんじゅ》の『魏志倭人伝』

私の前著は、ヒミコを浮き彫りにするのが目的だったから、ページ数に左右されて、『倭人伝』の説明があいまいなままの部分が残っている。その一つに、その本当の「著者」はだれかという問題がある。従来はそれは陳寿だと決めてかかって「私は陳寿を信じ通す」などとカッコいいつもりで大見栄《おおみえ》をきった本などもあるが、何度もくりかえすように、彼は著者なんかではなくて、他人が書いたものをスクラップして貼り合わせ、そのつなぎ目に少し「彼なりの解釈のまじった文字」を使っただけである。

だから陳寿を『倭人伝』の「著者＝作者」だと思いこむこと自体、幼稚きわまることなのだ。陳寿は史料を集めて編集しただけの歴史編集者にすぎず、彼がそれを勝手に「改ざん」することなど許されない。もし事実と異なれば嘲笑され恥をかき、史書としての生命を失うのである。

だから彼はなによりも「正確さ」を重んじた。『倭人伝』を検討すると、その「正確さ」と彼に許されたわずかなスペースに使う用語の「表現力の豊かさ」がよく分かる。だからこそ彼の『三国志』が、「中国正史のかがみ」として高く評価され、信頼されているのだ。

仮にそれが『三国志演義』ほどにでも「作品化」されていたら、もう正史としてはだれも見向きもしなかったのである。なぜなら彼だけが、三国史を書いたのではないからだ。いく人もの秀才が世に認められようと競ってそれを書いた。魚豢《ギヨキワン》の『魏略』もその逸文の実在でそれを証言しているし、夏侯湛《カコウタン》も『魏書』を書いた。しかし湛は、陳寿の『三国志』を見て自分の編集が恥ずかしくなり、苦心の結晶を破棄してしまった。

陳寿の文章が名文だったというのではない。作品なら読む人ごとに評価が変わる。タデ食う虫のたとえどおり「好きずき」だからである。しかし歴史は「作品」ではない。「記録」である以上、正確でなければならない。この三人は同じ原史料によって、三国時代の歴史を編集した。にもかかわらず、そんなに差ができたのは「正確さの差」以外にはない。『三国志』は厖大な史料を収集し、それが信頼できるかどうか確かめ、それを正しい順番に配列して、要領よく解説をまじえて仕上げたものである。しかも他人より少しでも速く、世に出さねばならないレースなのでもあった。

だから、それを完成するのは、ちょっとやそっとの苦労ではない。それなのに夏侯湛は、その辛苦の結晶を、惜しげもなく捨ててしまった。当時の中国の文化人がどれほど「恥を知る」優《すぐ》れた心と教養の持ち主だったかよく分かる。

◈確実にヒミコに会った帯方郡使の梯《てい》儁《しゅん》

しかしそれほどの［陳寿の『倭人伝』］でも、人間のした仕事である。「絶対に信じられるもの」ではない。思い違いや早トチリが見つかる。また彼が間違わなくても従来使われてきた『倭人伝』には時々転写ミスがある。それをここで一括説明する余裕はないので、次々に出てきたところでご説明申しあげるから、心に留めてお読みいただきたい。

ではその本当の［著者］はだれかという問題にかかろう。『倭人伝』には、ヒミコの第一回目の使者派遣に対する「答礼の使者」として、二四〇年（正始元年）に帯方郡の役人である［梯儁《テイシユン》］がやってきたと記録されている。彼はそのとき、ヒミコに会っている。「詔書と印綬をささげて倭国に到着し倭王に拝假《はいかく》した」と書いてある。［拝假］の拝は「目上の人にお目にかかる・授ける」という二つの意味があるが、もともと「拝む」という行為のこと。假は「貸借」が語源で、ここでは「手渡した」ということ。この［倭王］をヒミコではないという説もあったが、彼女は正式に［親魏倭王］に任命されているのだから、

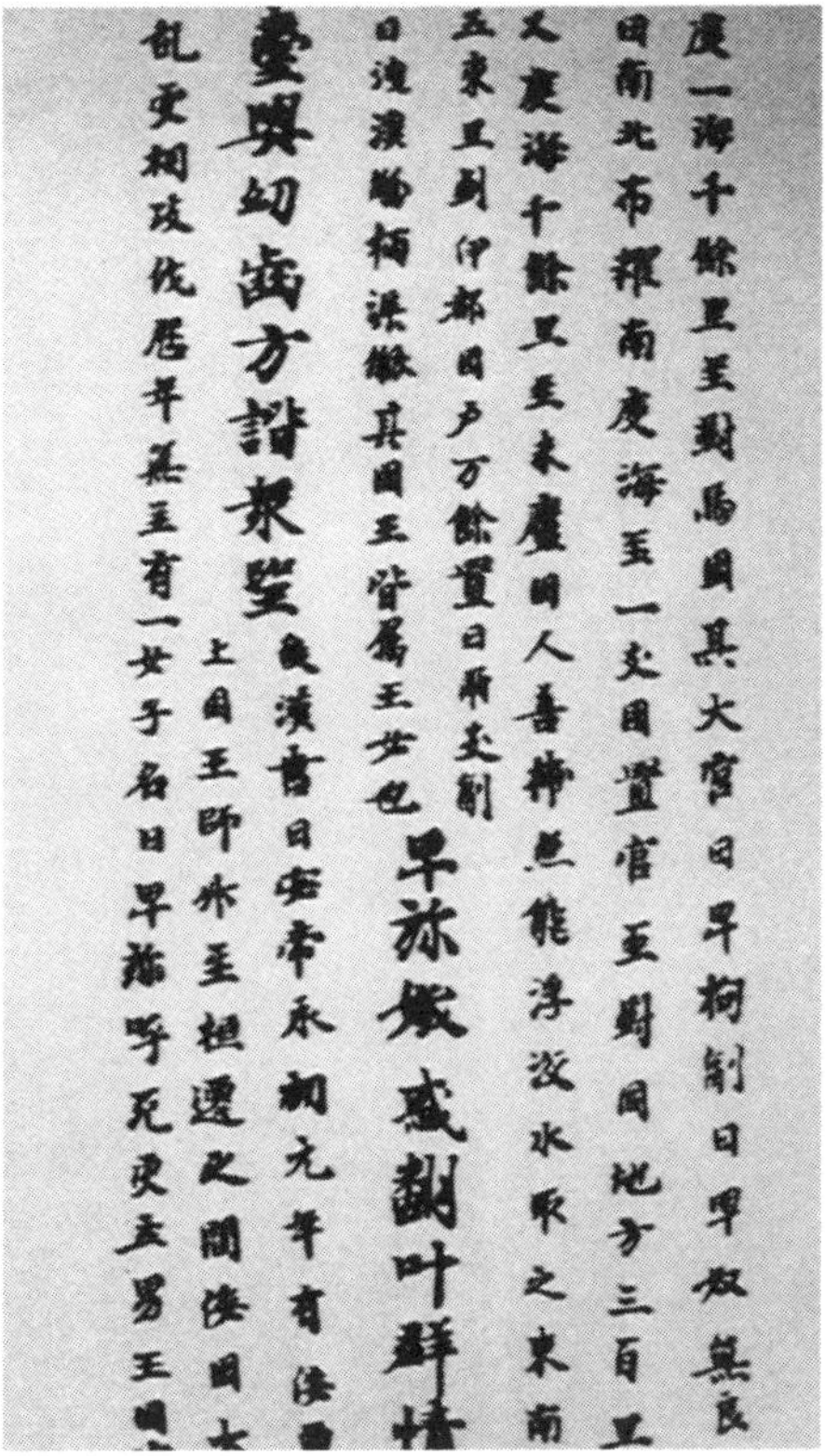

『翰苑《かんえん》』が記録していた［梯儁《ていしゅん》の報告書］　中央の大きな字の前が帯方郡使・梯儁の書いた報告書の最後。彼がヒミコの宮殿でヒミコに会い、その楼観などを見たのは、伊都国でのことだったと証明する『魏略』の文章が引用されている。それはハッキリ、伊都国までで終わっていて、その後の変動は知らない。ヒミコはその後南に都を移し、その政権が倒れて邪馬壹《いち》国が生まれたのは、七年後のことだった。南から移動してきた奴国や不弥国、水行十日、陸行二十日などは、その次の張政がきた時点での「変動の記録」だったのである。

［女王でなく、倭王と呼ばなければいけない］のである。またヒミコとしても必死の思いで［親善の使節］を送ったのが、思いのほかの好結果になって梯儁の来訪という素晴らしい日を迎えたのである。当然、礼儀としても出迎えて歓待したのは目に見えている。その逆のことは考えられない。

◈『魏志倭人伝』の原著者は二人だけ

『倭人伝』は、もう一人、帯方郡使が来たことを記録している。［張政《チヨウセイ》］だ。ヒミコが狗奴国男王と不和になり、それをヒミコの使者が帯方郡に訴え出たために、二四七年（正始八年）にやってきた。しかし彼はヒミコとは会えずに、難升米にだけ拝假して、詔書と黄色の旗とを手渡している。だからヒミコに会って記録したのは梯儁《ていしゅん》だけなのだ。

この二人は、魏の正式の外交官「大使」としてやってきたのだから、当然、報告書を書いて提出する。彼らは身の安全のために、従者を連れてきたに違いないが、その連中は報告書を出すわけではないから、公式文書としてはこの二人のものしかない。だから『倭人伝』に書かれていることはみな、この二人が書いたものが芯になっているのである。過去の説がいう［著者］はこの二人で、陳寿や魚豢はそれを切り貼りしてつないだだけの［事務屋］にすぎない。

このほかに、二四五年（正始六年）に「難升米に黄色の旗を帯方郡に渡して授ける」という文章があるが、それだけでだれが、いつ持ってきたという文章がない。これも郡使が来たのだという人もあるが、記録のないものを想像で「来た」とするのは間違っているし、黄色い旗は、その二年後に張政がもってきて難升米に渡している。当時の旗は重大な象徴物で軽々しく何度も授けることはない。前のものが帯方郡役所に置きっ放しになっていたのだと分かる。

◇『魏志』と異なる『魏略』の謎

次の問題は、『倭人伝』のどの部分を、だれが書いたか？　ということだ。これもそんなには難しくない。それは陳寿のものと魚豢のものとの相違点を観察すると分かる。魚豢のものは、困ったことに原文は残っていないが、有難いことに清の時代に、張鵬一《ほういつ》があちらこちらに少しずつバラバラに残っていた［逸文］を集めて『魏略輯本』二五巻を作った。

それがあるので、一応の比較ができる。私にはそれが非常に役に立った。

また福岡県の太宰府天満宮にある国宝の『翰苑《かんえん》』は、原本は唐の張楚金《そきん》の編集したもので、それは中国の各正史に名前だけ残っているが、かんじんの本は中国にも残っていない幻の本である。ところが素晴らしいことに、それを写した世界でただ一冊の古写本が、なんと日本で見つかり、国宝になっているのである。

その『魏略』逸文をみると、面白いことがいくつも分かる。まず第一は帯方郡からのコースが伊都国に到着した所で終わっていることである。『魏志』ではその後に奴国、不弥国、投馬国、邪馬壹国があるのに、この『魏略』逸文にはそれがない。

第二はこの『魏略』には伊都国の戸数が「万余戸ある」と書いてあるのに、これは『魏志』では「千余戸」しかない。この二つは一体どう考えたらいいのだろう……。

◇ヒミコは伊都国で帯方郡使と会った

これは伊郡国までで切れているほうが先に書かれ、それを補うために伊都国以後の国々が、後で書き入れられたことは間違いない。では先に書いたのはだれか？　それは先にやってきた梯儁だった。ということは『魏略』は、初回の帯方郡使梯儁の書いた記事だけしか収録していなかったということなのだ。

するとと梯儁は伊都国までしか来なかったのだから、彼がヒミコに会ったのは［伊都国］だ、ということになる。ではもう一人の張政は邪馬壹国まで行ったのだろうか？　彼がそこまで行ったのなら、『ヒミコ』で詳しくお話ししたように、八代《やつしろ》から球磨川ぞいに歩く［陸行一カ月］の難コースのことを、少なくとも、ある程度は書き残したはずである。しかし記事を見ると、そんなことは一言も書いてない。その代わりに伊都国のところに「ここは郡使が行き来するとき［常＝いつも］駐在する土地だ」と書いてある。

郡使は二度しか来ていないのだから、最初に来た梯儁は「いつも」などとは絶対に書かない。最初の梯儁がそこに駐在し、今また自分も駐在していると思うのは張政だけである。それなら彼も邪馬壹国までは行っていない。どこからみても郡使は伊都国泊まりだったのである。だとすれば梯儁が見たヒミコの宮室、楼、観、城、柵などは伊都国のものだったのである。

◈梯儁が帰った後で遷都したヒミコ

その伊都国が、七年後に張政が来たときには、人口一〇〇〇余戸の小さな町になってしまっていた。そしてそこにいたのは女王ではなくて、難升米だった。これはだれが考えても、都が移動したのである。そこで張政が聞いたのは、「女王のいる都」は、「南へ水行一〇日、陸行一カ月」もかかる遠方だということだった。だから彼はそこで止まって先へは行かなかったのである。

だがそのとき聞いた新しい都の名は邪馬壹《いち》国ではなかった。なぜならその名は、彼がそこから帰るころに、やっと聞いた新しい国名だからである。ではその前の古い国名は「大邪馬臺＝ウチヤマダ」ではなかったのか？「なかった…」のである。その名は、ソナカらにひきいられて東方へ向かった「アショカ仏教宣布団＝倭人」の移動とともに、新しい仏教国を次々に作り続けていった土地を大まかに呼ぶ美称、「好い土地・国・宇宙」を意味するインド語の「ジャムブ・ディパ（仏教名・えんぶだい）」への当て字なのだ。だからそれは「ジャバ」のように現在まで痕跡を残す土地もあるが、ほかはすべて消えてしまったのである。

伊都国の場合、それは［首都］の意味で使われた。［ジャムディ］と聞こえたとしても、それは首都ということで、国名ではなかったのだ。しかしそれは南へ遷都した際、隼人町一帯の呼び名になり、それが新政権によって［邪馬壹《いち》］という当て字に生かされたのだ。

◇ヒミコの謎の会話「自謂《みずからいう》、年已《すでに》長大」

ヒミコがなぜ、伊都から鹿児島まで都を移したか。そのやむにやまれぬ事情は、前巻の『ヒミコ』で詳しくお話しした。そして今、彼女が梯儁に会ったことが確認された。その後すぐ、彼女が遷都を決行したということは、この会見に原因がある。過去の説はこうしたことを、どう解説しているかみておいていただきたい。

講談社から一九七五年に発行された『邪馬台国に雪は降らない』という本がある。その中に［魏使は卑弥呼の顔を知らない］という小見出しの一節がある。『魏使がそこまで行っていながら、実は、女王には面会できなかった、ということである』というのだ。この著者はその直前に『約五十年ほどは在位したことになり、卑弥呼の女王即位の年齢はかなり若かったことがわかる。「年已に長大なるも夫壻《ふせい》なく」における卑弥呼の年齢は、三十～四十歳ぐらいと考えてよい』と書いている。彼女が一〇歳代で即位したとしても五〇年後には六〇数歳である。その七年前には六〇歳前後である。自分で書いたことさえ理解できない知性では、「倭王に拝假」も理解できなくて当然だ。だがほかの著者も「梯儁と卑弥呼の会見」は一人も書いていない。

でも『倭人伝』にはヒミコが梯儁に「私は大へんな年寄りなのです」と「自謂＝自ら言った」と会話の内容まで明瞭に書いてある。なぜ、そんなことを言う必要があったのか？

◈青い眼の色が余儀《よぎ》なくした遷都

この「自ら謂う、年、已に長大」は、『太平御覧《たいへいぎょらん》』という本に引用された『倭人伝』に書いてある。『倭人伝』の原本はもうとっくになくなっていて、いろいろな写本しかないから、それらを全部集めて検討しないと、この「自ら謂う」というような大切なフレーズが落ちてしまう。そのために謎に見える部分もあるのだということも、知っておいてほしい。

ヒミコはなぜ、梯儁に言《い》い訳《わけ》がましいことを言ったのだろう？ それは彼女の髪の毛の色に関係があるとみるほかない。なぜなら『ヒミコ』で説明したとおり、彼女は金髪だったからである。それは呉の皇帝・孫権との血縁を疑われるおそれのある特徴だった。だからその髪の毛の色が明るいのを、「私は年寄りだから白髪《しらが》なの……」と言い訳したとしか考えられない。それにはもう一つ、言い訳だと考えられる理由がある。それは彼女の大急ぎの遷都なのだ。

彼女は髪の毛の言い訳はしたが、眼の色のことは忘れていた。梯儁がそれに気づいた可能性がある。とすれば、それを口実に公孫氏の二の舞になる恐れは十分ある。そう考えたから彼女は困難な遷都を決行したのだ。そうしたセッパ詰まった危機に直面したのでなければ、軽くみて二〇～三〇万人もの万余戸の人口を連れて、はるばる南九州の果てまで大移動することなどありえない。今のような輸送機関のない当時には、それは空前の難事業だったのだから……。

◇ヒミコは呉の皇帝と同族だった

実は彼女がそれほどまでに、遷都実行を迫られたのは、呉王との血縁が事実だったからだとみられるものがまだほかにもある。それは『記・紀』に使われている「六合《りくこう》」という言葉なのだ。『ヒミコ』でお話ししたが、彼女が伊是名《いぜな》島で生まれたとき、両親がこう言ったと書いてある。「この子は光華明彩で六合の内に照り徹る」。この「六合」は中国では「六方」のことなのだが、日本では「国・天下」のことだとされていて、そう読めば理解できるから、それは正しい。

そして「神武紀」にも「六合の中心か」という言葉が、やはり「国」の意味で出てくるし、『古事記』「序文」にも「乾符《けんぷ》を握って六合をすべ」という文章があるが、これも日本の国のことである。古代日本人は国のことを「六合」と呼ぶくせがあり、それを不思議とも思わずに、ふつうの言葉として常用していたのである。

では「六合」とはなんなのだろうか？　ヒミコ当時の県には「六合県」という県があった。それは沖縄から海を隔てた向かい側である。日本語の「コチラ」は「高津国」を沖縄～大隅語で「コチラ」と読んだものに一致する。その国はこの次に詳しくお話しするように、沖縄にあった国で、この日本語がそこで生まれたことは間違いない。だとすればこの日本語と相対的な言葉「ムコウ」も同じところで生まれていなければならない。そこから海をへだてた向かい側とは、「六合県」であるとしたら、「六＝ム」「合＝コウ・カウ」だから［向こう］と同じ発音である。

　この二つの日本語は、間違いなく沖縄生まれであり、その人々は［六合県］の存在をよく知っていたということになる。そしてそれは単に知っていたというだけではない。もっと親しみのある強い知り方である。なぜなら彼ら以後、八世紀までの日本人は［六合］を［国］の代名詞として使っているからである。

　日本語で［クニ］といえば、日本だけを指すのではない。「クニのお母さん」「クニへ帰る」は、故郷のことなのだ。だから［六合］は単に国家の意味の代名詞だったのではなく、その言葉をつくった人々の故郷のことだったのである。彼らは、六合県出身者だった。とすればヒミコが呉の皇帝・孫権一族と同じギリシャ系の特徴をもっていても、少しも不思議ではないということになる。謎は合理的に氷解したのである。

　そこは『ヒミコ』でお話ししたとおり［呉孫＝ウースン＝鳥孫人］が、筏《いかだ》を使って大挙して揚子江を下り、河口一帯に土着、繁殖していた土地である。「臥薪嘗胆《がしんしょうたん》」のときの呉や王族とは八〇〇年近くもへだたって国も人も変わっていたのだ。

　ヒミコには、そうした呉との因縁があった。そしてその直前、公孫氏は、ただ呉と同盟関係にあったというだけで無残にも滅ぼされてしまった。倭国連邦はその公孫氏に属した国だともみられていた。これだけ重なれば、彼女は必然的に遷都を実行するしかなかった。

◇唐古で出土したダブル妄想の楼観図

一九九二年五月に奈良県の唐古《からこ》・鍵《かぎ》遺跡から出てトップ・ニュースを飾った、あの中国ふう屋根飾りのついた家の絵のある土器片は、本当に邪馬台国畿内説に有利だろうか？

これまで発見されなかった絵が出てきた。それで考え方が変わる、ということはなんの証拠だろう？　それは「過去の考古学が［未発達］であって、そのあたりに邪馬台国があったという証拠を一つももっていなかった」という事実の証拠ではある。でなければ小さな絵が一つ出てきたという程度のことで、大騒ぎすることはない。

ではその絵が間違いなく中国の知識による建築がそこにあったという証拠になるだろうか？　その絵は漢の建築様式である瓦葺きとして描かれている。だからそのあたりに大建築があったというのなら、その時代の遺跡からその大建築相応の大量の瓦が出土し、柱跡が出土し、またその建築に付随する付属建物や、同じ型式の瓦葺き民家なども出土しなければならない。

しかし仮にそれらが全部、その付近または畿内から発掘されたとしても、それが邪馬台国があった証拠なのだろうか？　それはその地域にも、漢風の家を建てる人が住んでいたという事実は証明するが、その人々が倭人だという証明が成立しなければ、この土器片は邪馬台とはなんの関係もない。発表者は『倭人伝』の「楼観」に相当するとしているが、邪馬台の楼観とは絵の建物に一致するという立証なしで、邪馬台と結びつけて発表することは許されない。

また当時の中国の楼閣は階段は必ず室内にある。ところがこの土器の絵は階段ではなく細い梯子《はしご》が屋外に立て掛けてある。発見者はこれを二階建て以上あった高層建築だというが、それなら最上階にも梯子が描かれていなければならない。それがないのはこの最上階は装飾的な屋根飾りか、唐古から銅鐸《どうたく》が出土しているから、その鐘楼《しょうろう》程度のものである。

この銅鐸は古代インドシナ半島に遺物「銅鼓《どうこ》」を残し、中国南西部からタイ、ミャンマーにかけて広く分布している今も銅鼓を使う人々「ヤオ人」が製作使用したものであることが、私の研究で明らかになっている。その人々は中国に住んでいなくても今も漢字と、それをもとに作った独特の「ヤオ文字」をもっている。タイにはこうしたヒルツライブ（山地移住民）を指導する国家指導員がいて、私も各大学にいる多くの指導員と親しくし多くを教わったが、（本章扉の）写真の方も国籍はタイだがヤオ出身者の一人で、サインは漢字でも書ける人である。

その宗教は［道教］であって、倭人の［仏教］ではない。もうよくご存じのように［倭《うわい》］というのは［仏教徒］ということなのだから、銅鐸をもった唐古人は［道教徒《どうきょうと》］のヤオ人であり、紀元前一〇〇〇年から日本列島にいたカリエン人（和人《カリエン》）と、二世紀以後に入った倭人との混合体である邪馬台とは、全然無関係である。だからこの唐古出土土器の問題報道は、その建物が重層になっている以上に、架空の邪馬台妄想が重層にダブっているのである。

◈唐古など銅鐸圏はヤオ人居住地

ヤオ人が古代近畿圏にいたことは、大阪府の生駒山の西麓に八尾《やお》市という大きな地域があることやヤオ姓の存在で分かる。また弥生時代の弥生も、土器の出土地名から［弥生はヤオ］への当て字であったことが分かる。当時の大阪府中央部は河内湖の水底下で、残る一帯の支配者が八尾人だったことも、その地理関係で分かる。

今、中国とその周辺のヤオ人は山地民だから、古代八尾人は生駒山から東の山地・奈良に住んだ集団本体の一部で、漁業と野菜供給を分担した部族「ヤオヤ＝八百屋」だったはずである。現代でも市域を形成するほどの地名を残したのは、彼らの勢力が強かったことを示している。そこは過去に「神武東征」の舞台と考えられてきた場所で、有名な「クサカ坂」はすぐ隣接する東大阪市にあって、市境からわずか二キロメートルのところにある。

だがそこで戦い、後に奈良の邪馬臺《だい》政権を倒して制圧したのなら、ヒミコの「邪馬台国」は銅鐸人を主要な住民にしていたはずである。帯方郡使はそれを鬼道《きどう》の重要な特徴として必ず記録したはずだが『倭人伝』には銅鐸も鐘楼も、ヤオ人に一致する風俗も書いていない。しかしその銅鐸をもった弥生人が住んでいたから、近畿圏に今、八尾市という都市が現存しているのだ。どうみても邪馬台国も神武天皇の東征も、近畿地域ではありえない。

◈そこが「邪馬台だ」という証拠は？

こうした邪馬台国問題が、とっくに二一世紀になっている現代でも、いまだに知性を疑うような状態で議論され、報道されているのは、なんとも情けない。

その原因は、「何が邪馬台国問題の［動かない証拠］で、何が［キメ手］なのか」さえ、まるで分かっていない人が、ことに専門家と自称する連中の中に多いからだ。しかしあなたは［それを考えたことがない］というだけで、本当はごく簡単なことなのである。邪馬台と呼ばれているものは、『魏志倭人伝』が教えたもので、それがどこにあったか、詳細に［記録］し説明してくれている。だからその記録どおりの『位置・場所・土地』が邪馬台なのだ。

記録が正しくないというようなことは、その位置が海だというようなあまりにも不合理なとき以外は不用で、［邪馬台があった場所だけ］がまず第一の目的なのである。だからその証拠は［『倭人伝』の記録と完全に一致している］ということなのである。だから証拠は『倭人伝』なのであり、そこに記録された［距離と方角］が証拠なのであり、その［位置］が動かぬ証拠なのである。その［位置］にあるのは土地で、土地は［物］だから［物証］なのである。ほかには出土品など何も考える必要はない。ただ正確に記録どおりの位置さえ突き止めれば、それで「邪馬台国はどこか？」という問題は、完全に［解決する］のである。

◇世界に恥ずかしい『近畿説』と『北部九州説』

『倭人伝』には正確な邪馬壹国の位置が明記してある。私たちは『ヒミコ』で、そのとおりに進んで、邪馬臺国と邪馬壹国の遺物が充満している隼人町に、寸分の狂いもなく到着した。その『倭人伝』どおりの行程図は『インチキ説』を見破るのに非常に便利で強力である。

次頁でご覧のとおり、近畿説の邪馬台国の位置、例えば奈良に、この到着点を置いてみると、水行一〇日も陸行一カ月もまるでムチャで実行できないし、何よりも奴国以北の国々が、日本海の海中に沈没してしまう。また伊都から南を東だという説どおりに横にしても九州から出ない。

北部九州のほうはもっとオカシイ。試しに筑後山門・宇佐・甘木・吉野ガ里といった位置に置いてみると、水行・陸行はまるでムチャクチャ。伊都国も奴国もそのほかの旁国《ぼうこく》も全部海に沈没してしまう。そして最初の上陸点であったはずの末蘆国《まつろ》などは海上にあることになって、上陸どころか、海へ水行しなければならない、という大変な［説］なのだ。

正しいコースは、ただ一つ
海の中に国があったと信じる者はない

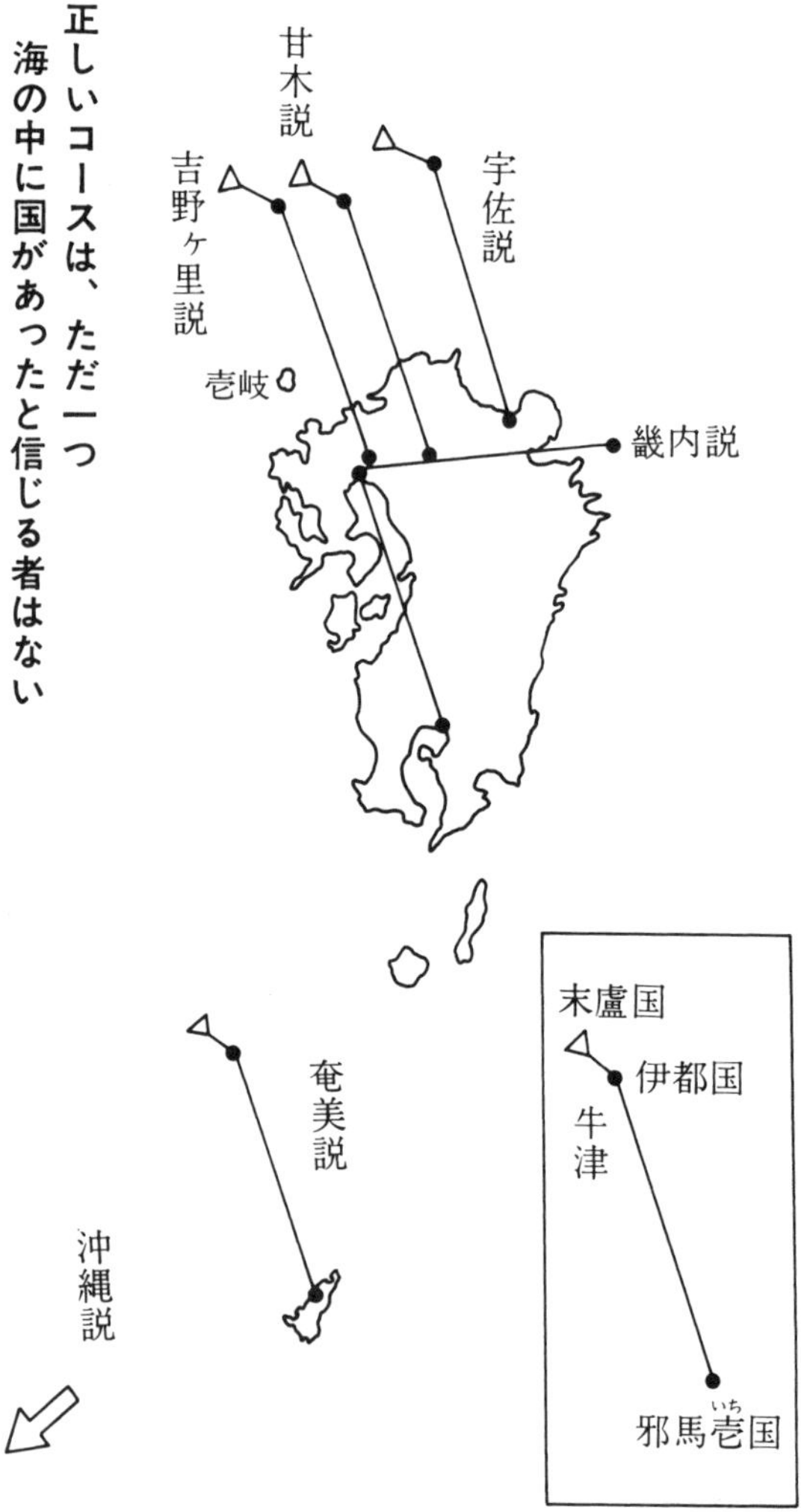

『倭人伝』だけが拠りどころの『邪馬台』研究を、『倭人伝』が間違っているというのなら、議論する必要はなくなる。その人物は自分で［棄権］しているのである。棄権しながら「私が正しい」と主張する近畿だとか北部九州だとかいう説で、頭脳に欠陥があるとすぐ分かるが、残念なことにそんな幼稚な［説］が「日本の大変な恥」になることに気づかない人が多い。

◎日本側記録だけが『倭人伝』を正解できる

私が『倭人伝』を解説するのに『記・紀』を中心にするのは、私が出した答えを八方から見て、どこかに不合理なところがないか……確かめ、さらに完全にするためである。『倭人伝』を陳寿の［著書＝作品］だという者がいるが、とんでもない。陳寿はただ［編集しただけ］であって、ほかの人々が書き残した［報告書集］にすぎない。

しかもそれらの報告も中国人の帯方郡使が、ごく短期間に、ほんの少し見聞きしただけの記録である。それが正しいかどうかは、［こちら側から見た記録］と照合して初めて判定できる。

二〇〇〇字ぽっちの『倭人伝』だけで判断できると錯覚している人間が、どんなに愚《おろ》かか、だれにもハッキリ分かる。だから私は『記・紀』の中から苦心してこちら側の記録を見つけだして、それと『倭人伝』とを「対照して」ご覧にいれているのである。

◈古代沖縄経済の中心産業「宝貝」

本題に戻ろう。世間ではまだ行方不明だと思われている邪馬台国は鹿児島県のほぼ中央、隼人町にあり、そここそ崇神天皇のいた邪馬臺であり、神武天皇が攻めたヤマトで、そこ以外には候補地がないことが確認できた。これで［どこで（Where）?］は片づいたから、次は［何を（What）?］で、［どんな人々が…何が原因で…どんな戦争を…?］というのがその内容である。その謎の人々こそ、あなたと私の共通のご先祖様なのだ！

古代の沖縄の人たちは主として中国との交易で生活していた。なぜそれが分かるかというと、当時の沖縄地域の人口が一〇〇万人以上もあったという伝承もあるからである。これは狭い島が散らばっているだけの地方の人口としては、あまりにも多すぎるようにみえる。そんなに多くの人々が、どうして生活できたかという疑問が、まず先立つが、念入りに調べていくと納得のいくさまざまな事実が、次第に浮かび上がってきて立証される。

柳田国男氏の『海上の道』から引用してみよう（原文のまま）。「秦の始皇の世に、銅を通貨に鋳るやうになったまでは、中国の至宝は宝貝であり、其中でも二種のシプレア・モネタと称する黄に光る子安貝《こやすがい》は、一切の利欲願望の中心であった。今でもこの貝の産地は限られて居るが、極東の方面に至っては、我々の同胞種族が居住する群島周辺の珊瑚礁《さんごしょう》上より外には、近いあたりには、之を産する処は知られて居ない。殊に大陸の沿岸の如きは、北は朝鮮の半島から馬来印度《マレーインド》の果まで、稀《まれ》にもこの貝の捕れるといふ例を聴かず、永い年代に亘ってすべて之を遠方の島に求めて居た。単なる暖流の影響といふ以上に、浅い岩瀬でないと生息しなかった為かと思はれる。今でも南海の産といふ言葉を、心軽く使っている人も有るやうだが、古くは嶺南の陸路は通じなかったのみで無く、海まで降り行けば必ず手に入るといふものでは決してなかったのである。金銀宝石と光輝を競ふことが、かの心理の根源ではあったらうけれども、同時に又是を手に入れる機会の乏しさが、今日の眼からは考へられぬほどの、異常なる貴重視を促《うなが》したのかと思はれる。

中国古代史学の発展につれて、此点は今後益々確実になって行くことが期待し得られる。殷《いん》の王朝が中原《ちゅうげん》に進出した背後の勢力は東方に在った。所謂《いわゆる》東夷の海の営みの中で、今

上・古代中国の金庫［貯貝器］ 青銅製でフタに豪華な装飾がついている。［宝貝］がどんなに大切に扱われていたかが分かる。また下の［貯］の字が、この貯貝器の象形文字だったことも一見して分かるし、左の装飾の建物が家屋文鏡やカチン人の大家屋と同じであることも分かるし、軒先が［千木＝チギ］に見えることも分かると思う。これを作った人や使った人は、カリエン人やヤオ人とも密接な関係にあったのである。

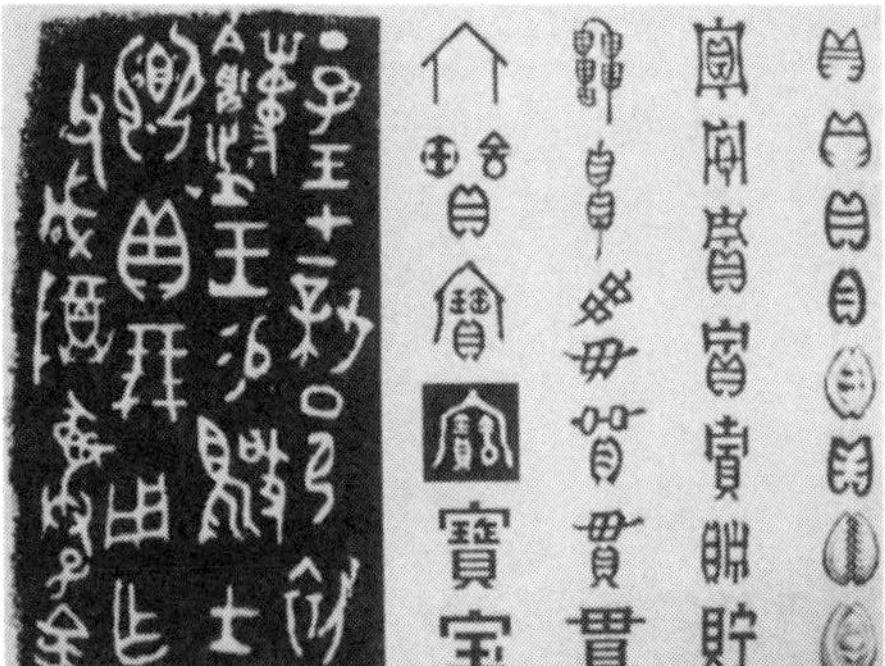

下・貝の古文字 中国の富と経済がどんなに［宝貝］に支配されていたか、証明しているのは漢字である。辞書で貝のつく字がどれくらいあるかご覧いただきたい。ここではその内の殷周時代の文字が宝貝の象形文字であることと、［貯］と［宝］の字の歴史をみていただく。

でも既にほぼ明らかになって居るのは、宝貝の供給であった」

古代のアジアでは「宝貝」は単に宝物であったばかりではない。それは通貨としてアジアの政治経済を支配する力をもっていたのである。沖縄がその供給地だったとすれば大きな人口をもっていても不思議ではない。

そこでこの話の信頼度を確かめるため、私は世界の貝を研究してみた。そして『ヒミコ』に書いたような成果を挙げることができた。柳田さんが書いていることは事実だった。アジアの全域にわたって、沖縄近海産の宝貝が出土している。少し修正がいる部分としては、その学名が今は変わっていることぐらいである。それは「モネタリア・モネータ」という。「モネータ」は英語の「マネー」の語源であるラテン語で、貨幣のこと。「お金の中のお金」という名だ。

日本では和名「キイロダカラ＝黄色宝」と呼ばれるが、出土品をみると、ほかに「ハナビラダカラ＝花辨宝」や「ハナマルユキ＝花丸雪」も使われていたことが分かった。

もちろん宝貝が通貨として役立ったのは、古い時代のことである。しかしその需要がはるか後世まで続いていた事実を、柳田氏は次のように再録している。

「伊波《いは》（普猷《ふゆう》）氏の書かれた『子安貝《こやすがい》の琉球語を中心として』といふ一文に、たった一つの例しか挙げていないが、宣徳（中国・明代の年号）九年（一四三四年）といふ年に、明《ミン》朝廷に輸送せられた琉球の貢物目録には、海巴《カイパ》五百五十万個といふ大きな数字が見える」

「海巴」は明の時代の、宝貝の中国名である。宝貝がどんなにたくさんとれるといっても、実際に沖縄や奄美の海へいって採集してみると分かるが、今では見つけるのに苦労する。だから昔は多かったにしても、五五〇万個という数が、どれくらい大きなものか、大変な労力と時間をかけて集め貯えたものか想像できると思う。だがここで重要なのは、沖縄がそれだけの宝貝を採集できる土地であり、またそれを製品化して輸出していたという事実である。

◇「宝貝輸出王国」だった沖縄

ではそうした宝貝産業はいつごろから始まっていたのか？　それは全島にある「貝塚」

が教えてくれる。実は宝貝は食べてもおいしい。ところが沖縄の貝塚からは宝貝の殻は全く出ない。それは貝塚が作られた縄文・弥生時代すでに宝貝は貴重な輸出品であって、食用にすることが許されなかったことを、はっきり物語っているのである。

三世紀の文献に描かれた、謎の沖縄人

柳田氏は沖縄で宝貝が首飾りに使われない理由や歴史を次のように書いている。

「首飾りの習俗が久しく伝はり、是に宗教的関心を寄せ続けて居た社会に於て、どうして又あの様に手近に豊富に産出し、且つあれほどまで美しく、変化の奇を極めて居るといってよい宝の貝を、わざと避けたかと思ふばかり、利用の外に置いて居たのかといふことが説明せられねばならぬ。……余りにも貴重なる宝の貝であった故に、それを自分の首飾りにすることのできぬ年月が長かった為であろう。……（中国で）東夷といひ又島夷といった方面に於て、その最も明かな痕跡《こんせき》を永く留めたのは沖縄の諸島である。輸送が江淮（コウワイ＝南中国）の間に限られず……後まで……なほ莫大なる輸出をして居たのが、この洋上の小王国であった」

ではその宝貝を供給して、世界経済を支えていたのは、どういう人々だったのであろう？　私の『日本人のルーツ』で、やや詳しく説明してあるが再録してみよう。鎌倉時代の寛元元年（一二四三）九月、長崎県五島列島の小値賀島《おじか》から中国へ向け出航した日本商人が、台風にあって琉球列島へ漂着《ひょうちゃく》したときの見聞録『漂到流球国記』という文献が今も残っている。それにはその筆者の写生がそえられているが、そこに描かれた風俗は私が一三回にわたり現地調査したタイ奥地からミヤンマーへかけて住む、カリエン人そのままである。

日本人と同系のカリエン人の仲間

カリエン人については『ヒミコ』でも簡単に説明したが、これからの謎解きでは、最も重要な主人公になってくるので、詳しくお話ししておかねばならない。この人々は、旧ビルマ時代の支配者だった英国人が、誤って「カチン族」を「カリエン」と呼び、本当の「カリエン人」を「カレング」と呼んだために今でも「カレン人」と呼ぶ人が多いが、「カリエン」という名は「コーレアン」の訛りなので、今後は正確に「カリエン」と呼んでいただきたい。

ミャンマー北部の旧カレン州とカレンニ州を中心に、国境を越えてタイにも大きな人口が住み、中国各地にも同族が広く分散して住んでいる人々で、「ブガイ＝部外」「スガウ＝管生」「プオウ＝父王」という日本語と共通する名をもった三大部族に分かれている。

その総数は戦前、全ミャンマー国民の一〇パーセントを占めていた。現在の同国の実情では正確な人口も分からず、また内戦状態にあるため国境を越えて移動して固定しないが、少なくとも数百万人はいて、決して少数ではない。別族は中国では「黎族《リエ》」と呼ばれ、各地に分散しているが、その大集団は広東省の海南島と雲南省に住む。またミャンマー国内の「カチン」や「チン」「シャン」「タライン」などの人々も、日本語と同系統の言語を話し、共通の名詞をもち、風俗習慣にも私たちと多くの共通点をもっていることが分かった。

◈『倭人伝』と完全に一致するカリエン人の風俗習慣

風俗の一致点は、まず『倭人伝』に倭人風俗として挙げられている「貫頭衣」と完全に同じものを、現在もなお頑固に着続けていることである。また『漂到流球国記』の絵と同じく布で頭を包んでいるが、これも『倭人伝』に招頭《しょうとう》という表現で記録されている。絵では船の真ん中に、冠を被った女性が一人、房飾りを下げた三叉鉾を手に突っ立っていて、これは指揮者であろう。カリエン人の特徴の一つは母系家長制である。この点も卑弥呼から大和朝廷の女性天皇に至る系譜や伝統と、共通したものを守り続けている。

そのほかにも細かい点まで多くの類似点が見られる。例えば、絵の人物たちは弓で魚をとっているが、その弓も『倭人伝』の記載どおり「下が短く上が長い」。またカリエン人は入れ墨を自慢にしているが、『倭人伝』も倭人はすべて入れ墨していると記録している。沖縄独特の織物とされてきた「読谷《ゆんだん》花織」も「カリエン織」の中に全く同じものがある。『倭人伝』はこうした特徴ばかりか、産物も中国の「朱崖《シュガイ》・儋耳《タンジ》」と同じだ、と総括しているが、その「朱崖・儋耳」というのは今の海南島のことで、その人々はもうお分かりのようにその「黎《リエ》族」だったのである。だから『倭人伝』は実に科学的といってもいいほど、よく観察し、細部までよく知って書いたものだと分かるのである。

初めて発見された日鮮語との同系語

文化人類学で人の集団を区分するのに決定的役割を果たすのは「言語」であるが、カリエン語はどうなっているのであろうか？　本書の主題からそれないように手短かにお話ししよう。言語を比較する場合、借用語を比較してもなんにもならない。その人々独特の言葉だけを選んでから比較する。日本語の場合は「イチ・ニ・サン」は中国からの借用語だから、比較しても意味はない。日本独特の「ヒー・フー・ミー・ヨー」がその［独特の言葉］で、これは従来、世界中どこにも同じ系統の言語はないといわれてきた数詞である。

私は最初に訪れたタイ奥地のカリエン人の村で、村人にその数詞をたずねて、返ってくる発音を録音しながら驚喜の感情を抑えきれなかった。それこそ世界で最初に見つかった「日本語との同系語」であり、朝鮮語とも同系統の言語だったからである。

帰国後さらに入念に、そのほかの［基礎語］と呼ぶものをすべて比較してみて、それが互いに同じ先祖から分かれた言葉だと分かるまでに、それほど時間はかからなかった。

その内容は専門的になり過ぎるし、わずかな例をあげて不十分な説明をしたのでは、理解できずに、かえってこじつけのようにみえると思うので、次のページで、簡単に必要なお話だけしておこう。

◈〔倭《ウワイ》〕は白人と仏教徒を意味する

この本の主題にとって一番重要なカリエン語は〔ウワイ〕である。これは〔倭〕の当て字の語源である〔ウワイ〕とぴったり同じなのである。だから私はしばらくのあいだは、「倭」の語源はこのカリエン語だと思っていた。

しかし研究が進んで、〔韓〕の当て字の語源がインド語の〔黒＝カラ〕であることが分かり、それがベンガル人を含むカリエン人集団を呼ぶ、〔和国＝カラ〕であったことが決定すると、〔白〕を意味するカリエン語〔ウワイ〕は、自分たちと対照的な特質をもつ白人〔ウワイ人〕の名詞を〔借用〕したものが、今、〔白〕を意味する言葉として残っているのだということが分かった。この「ウワイ」は英語の〔ホワイト〕などの仲間で、印欧語だが、カリエン語はイラクとイランの古語でアラブ語とペルシャ語の混合物であることは、その歴史からみてもすぐ分かる。だから借用語なのである。

これは［ウワイ］と［ウバイ＝優婆畏］の違いの理由も教えてくれた。髪の毛のある女性の仏教徒を指すこの中国語の［ウバイ］は、やがて白人という意味のインド語に非常に近いことから、［ウワイ］が本流になってしまったのである。その時期はソナカ教団が中国文化圏であるインドシナ半島に入ったころで、古い［倭人］はその地域にいたのである。

◈カリエン人＝宝貝人＝局麗人

『ヒミコ』であらましお話しした「カリエンの語り部の語ったカリエンの歴史」は概略だが、それでも膨大な内容で、詳しい検討は省くことにするが、それが本当かどうか？　まだ疑わしいと思う方のために、もう一つ、謎解きをしてみよう。

『カリエン史』では沖縄から日本列島、朝鮮半島を経て拡大し移動したという。ならば、何かはっきりした遺物を残していなければならないが、それは日本で見つかるだろうか？

集団が残す最大の遺物。それはその集団名である。だが日本では［カレン］という名のほうがポピュラーである。でもそんな日本語離れした名が日本列島に遺物として残っているか？　と長く疑問だった。しかしタイ・ビルマの現地へ行ってみると、その名が正確に

「カリエン」と発音されているのに気がついた。この一音差の「i」がなぞを解いてくれたのである。

いま朝鮮半島の人々を、英語ではコリアンとかコレアンと呼ぶことはよくご存じだと思う。これをローマ字で書くと「KOREAN」。これは訛りの強い英語やその先祖のインド語では、「カリエン」と発音する。では「コレアン」とはなんのことなのであろうか?

それが「高麗人」という名の英語読みであることはご存じだと思うが、「コーレー」とか「コウリー」と発音できる「高麗」という国名は一体、何を意味していたのだろう?

それと全く同じ発音の「コーレー」「コウリー」という印欧語(インド・ヨーロッパ語)の名をもった海の生物がいる。これがこれまでお話ししてきた「宝貝」だったのである。「高麗」というのは「宝貝」の名の発音に漢字を当てた、非常にぴったりした当て字だったのだ。そして「高麗」は日本読みすると「タカラ」と読めることに注目する必要がある。タカラは「高タカ　国ラ」で「高麗国」のこと。高麗といえば「コマ」と読んで朝鮮半島の国だと決めてかかっていた過去の学者や教師は、本当の歴史を知らなかったのである。

高麗は朝鮮半島ではなんの意味もない国名にすぎないが、南九州以南では「宝貝」という名の古代世界経済の支配者と、「コーレー」「コウリー」という印欧語によって、広いアジア全域に結びつくすごい国名になる。どちらが本体か、はっきり分かることである。

だから当時の高麗人＝カリエン人にとっては、この貝が食物や必要品を生み出し、生活をささえてくれる魔法の杖、打ち出の小槌《こづち》のような［宝］だったことが分かる。

今でも日本語には、貨幣を［お宝］と呼ぶ言葉がある。それを後世の「シャレたパロディ」だと錯覚した説明しか辞典には載っていないが、事実は古代から「お宝」と呼ばれていたのであって、銭（ゼニ）とかお金（オカネ）というのは、それが金属製に変わったあとでつけられた呼び名であることは、どちらにも［金］が付いていることですぐ分かる。

その［高麗国］は鹿児島の南の海上にあった。こうみてくると今もそこにある［宝島］が何を意味するかもよく分かるし、その島を中心とする島々が［吐喝喇《トカラ》列島］と呼ばれていることも、また少しも不思議ではない。沖縄方言では［ト］という発音はなかった。そこで［吐（ト）］という文字が使われているのは、当て字をした人が方言の違いを気にしすぎて、発音を［翻訳］してしまったことを示している。それと同じことを新井白石もしている。彼は［ウチナ］という国名に［沖縄］という、本来の沖縄語にはない［オ音］と［キ音］の当て字を、してしまったのである。

◈［和人］とはカリエンのことだった

もちろん、古い時代に［高麗］という当て字をしたのは、新井白石ではなくて中国人である。［コーレー］という宝物を沖縄から運んでくる人々は、中国では［高麗人］と書かれた。その当て字の時代はいつごろだったたであろう？

『魏志』［東夷伝］には、この高麗とよく似た国名の［高句麗伝］があるが、それによると西暦紀元前九年に漢を乗っ取って、新という国名に変えた王莽《オウモウ》が、東胡《トウコ》を討つために高句麗人を動員したという記事が出ている。だからこの国は紀元前からあったことは間違いない。この国と高麗がどういう関係にあるか考えてみよう。

テレビなどでベトナム語の会話を聞くとすぐ分かるが、その発音は［ンガ・ング］というったクセのある鼻濁音が非常に多くて、日本の硬い標準語に慣れた私たちには聞きづらい。高句麗は北鮮発音では［コグリョ］と聞こえるが、これは高麗をベトナム語訛りで発音したものに近い。［コウリィ］を［コグリョ］と発音するのである。だから［高麗］と［高句麗］は同じ名に対する方言の発音差につけられた二つの当て字であって、別の名ではない。

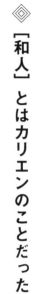

古代日本にも、そうした方言があったことを示す地名や姓は、日本にもたくさん残っている。［木暮］［小栗］、［高良コウラ］と［小倉コグラ・オグラ］、［田内タウチ］［田ロタグチ］［田淵タブチ］などもそれである。また小倉を［コグラ］と無理にベトナム語化しなくても、高句麗はそのままでも［コクラ］と読める。その地理関係も［吐喝喇《トカラ》］列島と高句麗との、ちょうど中間に［コクラ］と読む小倉市があって、その移動の跡を残しているのである。

しかしこれまでの答えは朝鮮半島とカリエン人とのつながりは証明したけれど、日本との関係はまだ小倉以外はっきりしない。カリエンは本当に倭人だったのであろうか？

日本では今［倭人］を［ワジン］と読む。しかし古来［日本人］自身を［ワジン］と呼ぶときには［和人］と書き、［和・漢・洋］と使ってきた。［倭人＝和人］である。この和の字を［ワ］と発音するのは日本読みで、漢音では［カ・クァ］と発音する。ハーモニーを［和声（カセイ）］といい、［和氏の壁］を［クァシのタマ］と読むのはそのためである。

◇和《カ》人と倭《ウワイ》人と縄文、弥生、古墳人の区別

また中国語の「人」の発音は「リェン」に近い。だから「カ」という民族は「カリェン」と発音される。今「カリエン」と呼ばれる人々は、昔中国で「和（カ）」と呼ばれた時代の名残りをとどめている。これは「和人」と「倭人」が同じだとされた証拠なのである。

しかしこの「和人」と「倭人」は同じではない。「和人」は縄文時代から日本列島にいたが、「倭人」のほうは『ヒミコ』でお話ししたように、卑弥呼の時代に初めて九州へ来たアショカ仏教布教団が広めた初期仏教信者のことである。彼らは今、古墳と呼ばれるストゥーパを日本に建てはじめた。だから「和人」が縄文人なら、「倭人」は「古墳人」なのである。

厳密にいうと「倭人」は「弥生人」とも違う。そのことを『倭人伝』は「銅鐸」について、何一つ書かないことで、はっきり書き分けている。弥生時代後期の本州西部には銅鐸を持った人たちが住んでいたが、古墳がつくられるようになるとそれは姿を消した。勢力

の交替があったことは、はっきりしている。当然［倭人］は［弥生人］と区別しなければならない。

こうした混乱はもう過去のものである。だから［和人］も［倭人］も区別せず［ワジン］と呼ぶことなどから改める必要がある。［倭］は［ウワイ］という発音だから優婆畏（仏教徒）への当て字に使われたのだから［大和（ウワ）］人と呼ぶのが正しいのである。

沖縄語で書かれている高句麗王名

沖縄から熊毛へかけての高麗人［カリエン］が九州を北上して、高句麗を建国したとすると、それは高句麗の歴史として残っているはずである。朝鮮の正史『三国史記』［高句麗本紀］をみると、その移動が事実だったことが、くっきりと見てとれる。

私の『異説・日本古代国家』（一九七三年・田畑書店刊）で、高句麗の建国関係の伝承が、『記・紀』にある出雲神話と同じものであり、その舞台が薩摩半島だったことと、当時の人々の［移動や日鮮関係を立証する日本語地名］などの［言語遺物］が、『三国史記』の巻第三四から第三七の［地理］志を筆頭に『三国史記』にびっしり詰まっていることを説

鹿児島西部に実在する『三国史記』地名

日鮮建国の舞台　(加治木原図)

①白岳山（白髪岳）
②鴨緑水（川内川）
③卒本〔慕本〕（出水）出雲
④国内城（宮之城）
⑤佟江（東郷）
⑥青城山（野田青木原）
⑦丸都城（隈之城）倭津城
⑧慰礼城（入来）
⑨医無閭山（湯之牟礼山）
⑩櫛茅淳（串木野）
⑪韓郷島（鹿児島）
⑫丸都城（加治木）
⑬房（坊之津）
⑭成川〔卒木扶余〕（成川）
⑮伽耶（鹿屋）
⑯高天原（高隈山）
⑰熊心山〔負児岳〕（韓国見岳）
⑱高徐伐（高千穂峰）
⑲漢水（球磨川）
⑳奥津（大口）
㉑任那（水俣）
㉒百済（串良）
㉓方忽岳山（鉾立山）

明しておいた。

これは当時、たいそう評判になって、お読みいただいた方も多いと思うので、ここでは重複をさけて、高句麗では王を埋葬した地名を諡号《しごう》（死んだ後でつける贈り名）に使っているので、その［地名＝王名］もまた、その移動と時代を証明している事実も後でお話ししよう。

それは沖縄から出発した人々なので、当然、地名にも沖縄語が入っている。だから沖縄語について少し予備知識がいる。しかし言葉の説明というと、カタカナばかり並んでいて、どうもややこしくて、読みたくないという人が多い。本当はどんな言葉でも幼児から老人まで少しもむずかしがらずに、毎日使っているものなのに、こんなに苦手だという人が多いのは、過去の日本語や、外国語の教育が根本から間違っていたためなのである。

それはむりやり記憶することばかり強要するのを、教育だと錯覚した愚かさが原因なのだ。でもここで教育論にページを浪費するのはやめよう。私がこれから書く沖縄語の説明は、記憶する必要なんかない。それは、私の書く地名や王たちの名がおかしいと文句を言う人だけに必要なのであって、信頼して読んでくださるかたには必要ないから、飛ばしていただけばいいのである。

そして…わずか五行だから…仮にお読みになる場合でも、記憶しようなどと思わずに、一体どうなってるんだろう？　と、知的興味で読んでいただければ本当はずいぶん面白いものなのである。私なんかそのために、いつの間にか世界の言葉を二〇〇〇種類も調べてしまったほどなのだから……。

第4章

和人圏だった 沖縄～朝鮮全域

コンピューターが復元した［倭人使］の顔　『倭人伝』の文章を説明につけた中国の『職貢図鑑』の絵は、絵具が剥落して人相がよく分からなくなっているが、私がCDグラフィック技術で復元してみたところ、地中海から中近東、インドというコースを示す容貌が現れた。

◈南島から西九州を北上した高句麗

「高句麗本紀」の王たちの埋葬地名による諡号《しごう》をみると「九代・故国川王＝故コ＝ク国マ川」「一六代・故国原ゲン王＝クマゲン」「一七代・小獣林王＝小＝オ＝イ、獣ジュウ、林リン＝イン」、南九州方言と朝鮮語では「リ」は「イ」と発音する。「一八代・故国壌王＝クマ壌ジョウ＝城王」と読める。古い高句麗王名が「クマガワ＝球磨川王＝（熊本）」「クマゲ・ン王＝熊毛の王＝（鹿児島）」「イジュウイン王＝伊集院王＝（鹿児島）」「クマジョウ王＝隈城王＝（鹿児島）」という名に復元できて、それらが現在も南九州に実在する地名であること、またその近くにその王の都があったことが、お分かりいただけると思う。「地名」を諡号《しごう》に使うのは埋葬地名と領土という違いはあるが、『記・紀』にある倭国・日本の天皇たちの和風諡号と同じであることも注意していただきたい。

戦前、梅原末治氏が、古代の高句麗地域を調査した際、その一帯に高床《こうしょう》家屋があるのをみて、亜熱帯地方の建築様式が、なぜ寒帯にあるのかと疑問を投げかけた。

その当時の謎の習俗も和人の北上という事実が分かってみれば、逆に沖縄和人の発展を証明する貴重な遺物になり、梅原氏の報告が素晴らしい証明として、よみがえったのである。今も「奄美の高倉」は鹿児島県徳之島の名物として有名だし、カリエンの人々はミヤンマーやタイで今も昔ながらの高床家屋に住んでいる。

紀元前にさかのぼる日本人の実態がどんなものであったか、それがどんな人々だったか、かなりの具体性をもって見えてきたと思う。「委奴《いぬ》国王」や「帥升（スサノオ）」らが漢の都まで行けたのは当然のことだったし、卑弥呼が帯方郡の滅亡を、いち早く知って、ただちに魏政府へ使者「難升米（淳名川耳命）ナンセンミ」や「都市牛利（豊城入彦）トチニユウリ」を送ったのも少しも不自然でも、不思議でもなかったのである。

◎前期三韓人は全部「和人」か「倭人」

さらに重要なことは朝鮮半島の人々との関係が、これまで考えられていたような血縁の薄いものではなかったということである。前章では高麗が鹿児島から北上した事実の跡づけができたが、それよりも古い時代、さらに遠い最北端高句麗までが、和人または倭人文化圏だったことが明瞭に分かるからである。ここまで進めば、では、三韓と呼ばれた国のうち、残る百済・新羅はどうか？　というのが、あなたの新しい疑問だと思う。

『三国史記』［百済本紀］の［始祖・温祚王《おんそ》］を見ると、彼の父は高句麗の始祖［高朱蒙《こすも》］だと書いてある。またのちの百済王が「われわれはもと扶余《ふよ》から出て高句麗とは同族である」とも言っている。このことは古代には、よく知られた事実であったとみるほかない。『ヒミコ』では、新羅も鹿児島から北上したことが立証された。結局、古朝鮮は三カ国すべてが［沖縄～九州本土～朝鮮半島］というコースをとった同じ民族が中心になってできた国々だったのである。

『魏志』東夷伝の［韓伝］には、まだ新羅も百済もなくて［馬韓］と［辰韓］と［弁辰］という［古三韓］があり、それを構成していた小国の名が記録されている。その国名もまた今の朝鮮語とは全然異なった名前が並んでいる。次はそれを分析して［古三韓］の正体を明らかにしてみよう。

まず［韓］だが、これは朝鮮語の［ハン］ではなく［カラ］と発音されていた。加羅・伽羅とも書かれる。今も日本語で［唐］を［カラ］と読むのは、朝鮮半島が唐の支配下にあった当時の名残で、カラという発音が［韓・唐］双方を表現できたのである。

［カラ］はインド語の［黒］。その発音と倭人の［ウワイ］がカリエン語の［白］でもあ

ることが重なって、先住民カリエンを呼ぶ集団名として固定したものである。『魏志東夷伝』当時はさらに細分化して、部族名の［マカラ］（インド語で神聖な魚の王＝クジラ）に当て字したものが［馬韓］。［タカラ］（宝・高国・高句麗などを意味する部族名）への当て字として［辰韓］。［ベンガル］（インド、ベンガル地方出身者の集団＝紅殻《べんがら》・紅型《びんがた》のカースト）への当て字が［弁韓］だったのだが、当時は辰韓人との混住が進んで［弁辰］になっていた。

◇狗邪《くじゃ》韓国は倭国連邦の一国

次は『魏志東夷伝』の中の［韓］の章（以後『韓伝』と略称する）によって［古三韓］の位置を確認しておこう。

「韓は帯方の南にあり、東西は海で限られ、南は倭と接する」とある。北は帯方郡、東西は海で行きどまりだというのである。だから朝鮮半島南部の話だとほぼ分かる。しかし「南は倭と接する」というのは従来の［倭は日本列島のうち］という考え方では、どうも理解できない。なぜなら［接する］とは、直接隣りあっていることで、朝鮮半島と九州のように離れているとそうは書かない。倭の北端が朝鮮半島に届いていてはじめて［接する］といえるのだ。

『倭人伝』をみてみよう。そこには「帯方郡から倭へ行くには、海岸にしたがって南へ行き、さらに東へ行くと『其の北岸・狗邪韓国に到る』」と書いてある。その狗邪韓国から［はじめて千里あまりある一つの海を渡ると対馬国に至る］のであるから、狗邪韓国が朝鮮半島の南岸にあることは疑いない。とすれば『　』で囲んだ部分の『其の北岸』はA［倭］へ行くにはという文章の主語は『倭』で『其の』が倭を指していることは間違いない。B［北岸］も倭から見た場合だけ北なのだから［倭］が主体である。C［到る］は［目的の国（倭国連邦）に到着した］であって途中の国に［至る］というのと、正しく文字を使い分けてある。

◇重要外交文書の厳重なチェック態勢

こうみてくるとこの文は、［狗邪韓国は倭の一国だ］と、よく認識していた人が記録したものだったことが分かる。それを書いたのは帯方郡使、直接朝鮮半島の大半を治めていた魏の郡役人だったのだから実情を知りつくしていた。それをアイマイに書かねばならない理由もない。

ことに新しく自分たちが治めることになった人々が、どんな人たちか知らなくてはいつ反乱が起こるかもしれないという時期である。同じ『東夷伝』には、辰韓の八カ国を、以前、楽浪《らくろう》郡だったから、元に戻そうと簡単に考えて、郡と郡との境界の線引きを変えたところ、臣濆沽《ジンピコ》という村長がカンカンに怒って、帯方郡の役所におしかけ、それを制止しようとした軍隊との間で戦いになり、楽浪の軍隊の応援をもらって平定しようとしたところ、負けて帯方郡太守の弓遵《きゅうじゅん》は戦死する、という大事件になった直後である。

だから魏の領土である帯方郡と同じ朝鮮半島にあって、隣りあっている国々を、倭と韓のどちらに属するか知らないなどということは、最初から考えられない問題なのだ。そうしたことは郡の記録には、詳しく細部まで書いてあるのである。それを引用してなくても、実情をよく知って真実を書いてある。そうでなければほかの記事と首尾一貫しない。そこには［倭国連邦は三〇カ国］だとはっきり書いてある。［狗邪韓国］をいれなければ三〇カ国にはならない。

◇邪馬臺の謎の本当の犯人

帯方郡使が書いた報告書は、彼の上司も郡の太守も、魏政府の係官も大臣も読む。徹底的に厳重チェックして皇帝に見せる外交上の「国の安否を賭けた」重要な『公文書』なのである。仮に間違っていたら、必ず、だれかに修正されるのであって、そこにウソの記事はないし、私たちも間違ったものを読まされることはない。

その文章もすべて漢文の正しい文法どおり、よく分かるように書いてある。それをはっきり読めなかったのは、過去の日本に漢文がちゃんと読める学者がいなかったからである。また『魏志韓伝』のいちばん最後の国「弁辰濱盧《トクロ》国」のところにも「倭と界を接す」と、書いてある。どこからみても「韓」は「倭にくっついて」いるので「狗邪韓国」の記事は漢文を正しく読む能力さえあれば、決して疑問の残るような書き方にはなっていない。

ところが狗邪韓国の「韓国」という語尾を見ただけで、頭から「韓」の一国だと決めてかかった人物がいて、現在まで、それが信じられているという奇妙なことになっている。日本には実にいい加減な学者？がいて、しかもそれを訂正できる能力のある学者がいなかったのだ。

「なぜ邪馬臺問題が長い間解けなかったか？」その理由がよく分かる。解読のための第一の基礎である漢文さえ、正しく読めない人間が、大きな顔をして本を売っていたのである。

◈陳寿たちには罪はない

しかしこれから見ていただく〔古三韓〕の国々にも、〔韓国〕という語尾は一つもついていない。〔韓国〕という語尾があるから〔倭国の一国ではない〕と考えたのなら、それのない国は〔どこか？　なぜか？〕と疑問をもつのが普通の推理なのだが、それにさえ全然気づいてもいない。これでは普通人以下なのである。だめなのが当たり前だ。

また魏の政府機関に伝わった公文書を、陳寿がただ寄せ集めて編集しただけの『倭人伝』を、いかにも陳寿の自由になる「作品」だと思いこんで、盛んに「陳寿が…」「陳寿は…」とまるで彼が好きなように〔創作〕できたように書き、彼が間違えたり、わざと書き変えたりしているから『倭人伝』は「訂正をする必要がある」と、勝手に文章を、〔自分の説〕に合うように書きかえて「だから私が正しい」と主張したものもある。そんなやり方が、どれだけ正しい研究の発表を邪魔して、日本人の歴史知識を遅らせただろう。

　そんなものを日本の文化のバロメーターにされたのでは、日本人の恥である。迷惑も甚だしい。しかし今さら過去を嘆いてみてもしかたがない。先へ進もう。

　まず［馬韓］の国名を、カールグレン氏の［上古音］を使って、当時の正しい発音でリスト・アップしてみよう。それには対照のため、同じ発音かあるいはよく似た日本の地名を参考までに付記しておく。

「馬韓」小国名発音リスト
（カールグレン氏の上古音による）

1　爰 jiwan　襄 nian　イワンナン　岩波
（南九州方言）

2　牟 miog　水 s'iwar　ミヨシワル　三好原
（九州方言）

3　桑 sang　外 ngwad
サングァ　三箇（三箇牧サンガマキ＝大阪）

4　小　石 diak　索 sak
オダサク・オジャクサク　小田棚または小邪久塞

5　大　石　索 sak　ウダサク・ウジャクサク
宇陀棚または大邪久塞（南九州方言）

6　優 iog　休 xiog　牟　涿 diok
イオシオミオド　魚潮見小戸（南九州方言）

7　臣 dien　濆 piar　沽 ko
ジンビヤコ　神宮戸・ジンピコ　神彦・陣彦

8　伯 pak　済 tsar　パクツァ
百済→ハセ・ハタ　長谷・畑

9　速 siuk　盧 lio　不 pwo　斯 sieg
シロホーシ・シラビョーシ　白法師・新羅法師・白拍子

10　日 niet　華 gwa

ニガ・ネグワ　仁賀・苦・二桑・根鍬

11　古 gu　誕 tian　者 tia

（古＝gu と ko の二音あり）　グタンダ　五反田

12　古 ko　離 lia　コリア・コーラ

高麗・高良・高離・古宇利

13　怒 no　藍 glam　ノグラム・ノガン

野倉の・野上（九州方言）

14　月 ngiwat　支 tieg　ニワチ

仁和寺（ニワジ＝大阪寝屋川市）

15　咨 ts'iar　離　牟　盧　チャラムロ

茶谷・伽羅村（沖縄方言）

16　素 so　謂 giwad　乾 kan

ソガッカン　正月神（南九州）　蘇我津上（韓）

17　古 ko　爰 jiwan　コイワン　小岩の

18　莫 mak　盧 lio　マッロ　末盧・松浦

19　卑 pieg　離 lia　ヒラ　平・日羅

20　占 tiam　卑　離

チャムピラ・キャムピラ　金武平・金比羅・琴平

21　臣 dien　釁 pen　ジン・デンペン　陣辺・田辺

22　支 tieg　侵 tsiam　チイチャム　小さ国

23　狗 ku　盧　クロ・クリオ　黒・栗尾

24　卑 pieg　弥 miar　ヒメ・ヒミャ　姫・日宮
25　監 klam　爰 k'i　卑　離　カンキビラ　神吉平
26　古 ko　蒲 b'wo　コボ・コモ　木母・菰
27　致 tiet　利 liad　鞠 kiok　チラキオク　新羅奥
28　冉 t'nam　路 lio　ツナムロ　津名室・綱村
29　児 nieg　林 gliam　ネグラム　時国・二倉
30　駟 said　盧 lio　サドロ　佐渡国
31　内 nwad　卑　離　ナヒラ・ナドヒラ・ワドヒラ
奈備国・那平・灘平・和田平
32　感 kam　爰 k'i　カムキ　神吉
33　萬 mlwan　盧　ムァロ・ムルァンロ　麿・村の国
34　辟 b'ieg　卑　離　ベッピラ　別平・武衛平
35　臼 g'iug　斯　鳥　旦 tan　グシオタン　具志小谷
ギウシオタン　牛之小谷
36　一　離　イッラ・エッラ・エダ
伊都国・江津良・江田
37　不　弥　プォーミヤ・クーメ　豊宮・久留米
38　支 tieg　半 p'wan　チバン　千葉の
39　狗　素　クソ　屎（牛屎院 e 鹿児島）クス　楠・樟
40　捷 dz'iap　盧　ジャッロ　石榴（南九州方言）
41　牟　盧　卑　離　モロヒラ　諸平・諸比良・室平
42　臣 dien　蘇 so　塗 d'o　ジンソド　陣外

43 莫　盧　マッロ　　　　　末盧・松浦（18と同じ）

44 古蠟 lap　・グラ　　　　　高良・倉・庫・鞍・蔵

45 臨 gliam　素　半　グラムソパン

高麗の側の（南九州方言）

46 臣　雲 giwan　新 sien　ジンギワンシン

陣際衆（南九州方言）

47 如 n'io　来 lag　卑　離　ニォラビラ　鳰良平

ニョライビラ　如来平

48 楚 ts'io　山 san　塗　卑　離

チオサンドヒラ　中山道平・朝鮮道平

49 一　難 inan　エナン・イナン

榎並・江波・印南・伊那の・猪名野（南九州方言）

50 狗　璽　クキ　　　　　九鬼・洞

51 不　雲　フォギワン

穂木和野・豊際の・日紀和・小城和

52 不　斯　濆　邪　フォシハヤ・フシハリヤ

星隼・法師芳養・星伽耶・藤原

53 爰　池 tieg　イワンテ・イワンチ　岩手・伊和市

54 乾 kan　馬 ma　カンマ　　　　神国・韓国

55 楚　離　チヨラ

インドのチョーラ国、蝶羅・千代田・

（＝ツヨラの南九州訛り）＝強羅（ゴーラ＝箱根）

◇三韓国名の「国籍」の決め方

以上の国名が日本語か朝鮮語かを区別するには、当時の正しい発音で読んでみて、どちらの言葉と意味が通じるかで決める。日本の地名を例にとると「五反田＝ゴタンダ」は、もと面積が五反（約五〇アール）ある田があったという「意味」をもっている。またさらに沖縄の人なら「ゴ」を「グ」という訛りで発音する。そこで発音が、どこの方言であるかということまで分かる。

この反対に日本語ではなんのことやら、さっぱり分からないが、朝鮮語や、その方言で読むと意味が分かる場合は、確かに朝鮮語の名だと決定できるのである。

見ていただいた「馬韓」の国名は一〇〇パーセントではないが、大半が間違いなく日本語の意味、または同じ地名をもっている。

これに対して今の朝鮮の地名は日本語だと思うとまるで意味が通じない。例えば「ピョンヤン＝平壌」という発音を聞いてその意味がすぐ分かるだろうか？「鴨緑江」は「アムノッカン」、「黒」は「フウク」で、「クロ・クリォ」という発音に近いのは「屈辱」という言葉しかない。だとすれば「狗盧（クロ）国」は、まさか「屈辱国」という国名をつけることはないから、日本語の「黒国」であって、辰韓のうちの「斯盧（シロ）国」すなわち「白国」と一対になった国名であることが分かる。

そして「クロ」「シロ」という言葉は日本語だから、その一対の名は「日本語による国名である」と確認できるのである。

本当の古代人の発音は、その当て字の漢字による以外に知る方法がないから、スペルのもつ発音を可能な限り再現してみて、あらゆる可能性を検討したうえで結論を出すのが原則である。

その結果1のjiはジではなくイと発音する。全般に語尾のgは日本語では発音しない。同じ語尾でも3・4・10のd・k・tなどの子音で終わるものは、「ワッ・パッ」などの「ッ」のように「詰まる音」として発音する。語尾のmは国を意味する「マ」の音を写している場合がある。また語尾のnは九州方言に普通な助詞の「ン＝の」に当たる場合がある。その場合その名が九州方言であることも分かる。

日本語、ことに古音は「チャ・チュ・チョ」といった発音を嫌うので、iを取って発音しないと正しく復元できない場合が多い、といったふうに個々の事情が分かってくる。

◇【馬韓】の各国名は全部、日本名

しかし読者の大半は朝鮮語をあまりご存じないと思うので、まだ「あるいは朝鮮語でも意味のある国名なのかもしれない」と疑っている方もあると思う。そこで疑惑を後に残さないために、その発音を朝鮮語と比較して確かめた。五五カ国全部の検討結果をご覧に入れよう。

（数字はリストのナンバー。一致しないものと、似た朝鮮語がないものは×）

1×。　2ミーヨンサ（美容師）。　3×。　4朝鮮語には濁音ガ・ザ・ダ・バ行で始まる言葉はない。×。　5×。　6×。　7×。　8今の朝鮮語に近い。　9スロ（水路）、シルロ（実に）。プォース（砲手）。　10ネークワ（内科）。　11×。　12朝鮮語に近い。　13ノルーム（賭博）。　14ニュイ（世界）ワ（…と）チ（から）。　15チャリ（かえって）、チャル（寺）、チャルロ（自ずから）。　16ソーガン（所感）。　17コユ（固有）。　18×。　19ピロ（披露）、ピリ（笛）。　20チャム（占い）、チャン（情）。

21×。　22チチャム（持参）。　23×。　24ピーミャン（悲鳴）。　25×。　26×。　27×。　28×。　29×。　30サリョ（飼料）。　31×。　32×。　33マルロ（末路）。　34×。　35×。　36×。　37×。　38×。　39クソク（拘束）。　40×。　41モロ（横に）。　42×。　43×。　44コラク（苦楽）。　45×。　46X。　47ノラェ（歌）。　48チォチャネェダ（追い出す）。　49エヌン（…には）。　50クク・イ（汁が…）。　51フォグゥム（暴飲）。　52フォシルハダ（富裕だ）。　53×。　54ハン（韓・一・大・盛）　55チォッタ（追放する）。

日本語として読むと発音も意味もよく合い、ごく近い名の地名も日本に実在するものがある。朝鮮語として読むと多少発音は似ていても［意味］になると全然国名にふさわしくない。

もう結論は明らかである。［馬韓］の各国名は全部、日本語でつけた［日本名］だったのである。

［辰韓］小国名発音リスト
（カールグレン氏の上古音による）

1　巳 ziag　抵 d'iar　ジャダ・ザダ
邪田＝矢田・座田・佐多
iag　ヤダ・イダ・イジャ　矢田・井田・伊邪
2　不　斯 sieg　プーシ・クシ・ホーシ　串・法師
3　勤 g'ian　耆 g'ier　グァンゲ・ギンギ　官家・近畿
4　難 nan　弥 miar　離 lia　弥　凍 tung
ナンミヤラミヤツ　那の宮良宮津
5　冉 t'nam　奚 k'i　トナムキ・タムキ
砺波城・津名牟岐・田向
6　軍 g'iwan　弥　グイワンミヤ・グンマ
小岩宮・官宮・群馬
7　如 n'io　湛 tam　ニオタン・ノタン
鳰（ニオ）田の・野田の
8　戸 go 路 lio　ゴリョ・ゴーロ　御陵・強羅
9　州 tiog 鮮 sien　チョウセン　朝鮮
10　馬 ma　延 tian　マタン　真谷・間谷・俣野
11　斯 sieg　盧 lio　シロ　白・城・新羅
12　優 10g　中 d'iang　ヨダン・ヨッダン
四谷・依田の・読谷

［弁辰］小国名発音リスト
（カールグレン氏の上古音による）

1　弁辰　弥　離　弥　凍　ミヤラミヤツ　　宮良宮津
2　弁辰　接 tsiap　塗　d'o　タド・サド・セト
多度津・佐渡・瀬戸
3　弁辰　古 ko　資 tsiar　弥　凍
コシャミヤツ　古謝宮津
4　弁辰　古　淳 t'wan　是 dieg
コタンデ　五反田・小谷瀬
5　弁辰　半 p'wan　路　パンロ・カンロ　　甘露
6　弁　楽 lak・gak　奴 no
ラクノ・ガッノ　楽野・月野
7　弁辰　弥　烏　邪 dzia　馬 ma
ミヤオジマ・ミアヤマ　宮小島・宮古島・三輪山
8　弁辰　甘 kam　路　カムロ　　童・甘露
9　弁辰　狗 ku　邪　クジャ　　古謝・古座
10　弁辰　走 tsu　漕 dzog　馬
ツジョグマ　津女熊・辻王国
11　弁辰　安 an　邪　アンジャ・アニヤ
兄者・綾・阿仁屋・安羅
12　弁辰　瀆 d'uk　盧　ヅロ　　燈籠・燈楼
（＝南九州方言＝石燈籠＝イヅロ＝鹿児島市）
トクロ＝トクノ＝徳之島

◇［辰韓・弁辰］の国名も日本名

この［辰韓・弁辰］の国名リストでは朝鮮という名に合う国名も見られる。これは［州］の上古音が［t・i o g］で、漢字の日本式発音では語尾のgは、その前の音の延長になるという原則があるから［チョー］という発音になる。ところが朝鮮語では［朝鮮］という文字を次の9に参考に挙げたように［チョサン］と発音する。とすれば［州鮮］は、やはり日本語の［チョーセン］という発音に対して『魏志』の原資料の記録者がつけた当て字だということになる。単純に「朝鮮を意味するから朝鮮語だ」と思いこむのは間違いである。

『辰韓』

1ヤヂャ（椰子）。　2プォース（砲手）、プォーシル（豊）。　3×。　4×。
5トァムチ（汗モ）。　6×。　7ノッツ（真鍮）+アム（何、だれ）。　8×。
9チョサン（朝鮮）。　10マチャ（馬車）。　11シムノ（新羅＝斯盧）。　12ヨヂャン

（この前）。

2の［豊］以外は国名にならない。11も9と同じく、朝鮮語の発音が合わないという証明になっている。朝鮮語でつけた国名なら［シロ］にはならず［シムノ］だったのである。

『弁辰』

1ミャルマン（滅亡）。　2チャプハダ（接する）、チャプツァ（折りたたむ、一目おく）　3コチャル（考察）。　4コトング（苦痛）。　5×。　6×。　7×。　8カン＝ハン（韓）。　9クンジャ（君子）。　10ツヂォック（頭足）。　11アンジャン（鞍・安全）。　12×。

このうち、2の［接する］は意味がありそうにみえるが、どこに接するかということになると問題がある。倭国連邦に接するのは12の瀆盧国だし、倭国ぐらいに接しているといっても、それを国名にするとは思えないし事実してもいない。仮に接していたとすれば帯方郡しかない。その場合は［塗（ド）］は、国を意味する［ラ＝羅＝ロ］が、さらに［ド］と訛ったものということになる。

ただ本題からはそれるが、当時の上古音が今も朝鮮語の発音に残っている例としてこの

［接］の字は参考になる。

８の［ハン］は現在の［韓］の発音で、もしこの字が当時も［カン］と発音されていたものなら何も［甘］の字など使う必要がないことを考えてほしい。［韓］は文字は漢字を使ったが、発音は日本語で［カラ・ガラ］といっていたのであって、その実例と証拠は非常に多い。

９の君子国はありそうな国名にみえるが［n］が足りない。

◇「グリ」はギリシャを意味していたか？

以上みていただいたことで当時の倭人世界の実情がさらに詳しく分かったが、そこに含まれている重要な点を、もう少しよく考えておこう。

［馬韓・辰韓・弁辰］の［古三韓］の国名はただ単に日本語だというだけでなく、のちの［新羅・百済・高麗（高句麗ではない）］などの誕生のナゾも同時に解いてくれる。

まず馬韓のうちには、［コーリー（宝貝）］と同じ音の12［古離］国があり、高麗と同音の44［古蠟］国がある。また辰韓のなかにも９［戸路（ゴリォ）］があり、その［古離］の方言差とみることができる。さらに同じ辰韓の6［軍弥］も［グルワンミヤ］と読むと、［高麗和の宮］という意味にとれる。馬韓25の［監案（クルアンキ）］も［高麗（クラ）の城（キ）］、または［高麗（クリ）安（安羅国は高句麗の一部）城］と受け取れるし、同じく45の［臨素半（グリァムソパン）］も［高麗国（グリア）の側（ソバ）の］を意味している可能性が高い。

この［グリ］は、少しムリのように感じる方もあると思うが、実はこちらのほうが正しい可能性もあるのである。それは『ヒミコ』で説明ずみのように、倭人政権はギリシャ系の人々が主流を占めていた。ご存じのとおりギリシャ人は［グリース］とも呼ばれる。グリアはそのまま［ギリシャ］を意味していた可能性も捨てるわけにはいかない。

◈沖縄↓九州↓朝鮮、そして大和へ

また馬韓の中に、高句麗と同族の国だと記録されている［百済］のルーツである古［百済（パクツァ）］と同音の［伯済（パクツァ）］があり、辰韓中にも［新羅］の古名である［斯盧（シロ）］が見つかる。また弁辰のうちにも今、沖縄にある［宮古島］や古代大和のシンボルだったとされる［三輪山《みわやま》］の語源ともみられる7［弥鳥邪馬国《ミアジヤマ》］がある。

この［宮古島］は三韓の人々が沖縄出身の倭人だったということで、出身地の大きな国（島）の地名があるのは当然だが、それが方角の違う大和（奈良県）にある三輪山と同じ名だというのは独断が過ぎる、という反対意見があるかもしれない。しかしそれは本書を最後まで読んでいただけば、必ずご納得のいく事実である。

それは前にも軽く触れたが、倭人は九州から北へ進んだだけではなく、東へも進んでいる。しかしそのコースは決して単純ではない。南九州から四国へ渡ったグループもあれば、朝鮮半島へ渡って国をつくっていた人々が、後に本州へ移ったりしている。そうした詳しい歴史事実をこれからご説明するのである。そのためにまず、沖縄を出発した人々が九州へ移り、朝鮮半島へ移り、次々に自分たちの小国を建国していったことが、事実であったことを、しっかり認識していただく必要があるのである。

◇三韓は「物差し」で倭人の国だと分かる

沖縄倭人が九州を北上して、さらに海を渡り、朝鮮半島に国をつくったという事実は、九州の高句麗王名や、歴史地名の分布を見ただけで、すでにはっきり分かっていたが、その半島南部の国々の人々もまた、やはり日本語を使う倭人だったことは、以上の国名検討でよくお分かりいただけたと思う。しかしまだ疑いが残る方のために、もう一つ［古三韓］が倭人の国だったという事実を『魏志』の記録で確認していただこう。

あらゆるものを測る度量衡は人間の全生活を支配しているので、それが変更されるとさまざまな不便が生じる。だから使いなれた特有の単位は簡単には変えられない。

当時の倭人は文字は中国の漢字を借用して使っていても、距離を測るのには［倭人里］を使っていた。それは『倭人伝』で十分証明されている事実である（『ヒミコ』参照）。『魏志韓伝』は［韓は……、四〇〇〇里平方（可＝ほどある）］と記録している。これを仮に中国の里（一里＝約五五〇メートル前後）とすると約二二〇〇キロメートルになる。この距離は北京から西へ敦煌《とんこう》を越えてタクラカマン砂漠に届く距離である。それを一辺とする正方形が中国よりも大きいことはだれにでも分かる。それは朝鮮半島よりムチャクチャに大きすぎる。『魏志韓伝』の［里］が中国里より、ずっと短いことはすぐ分かる。

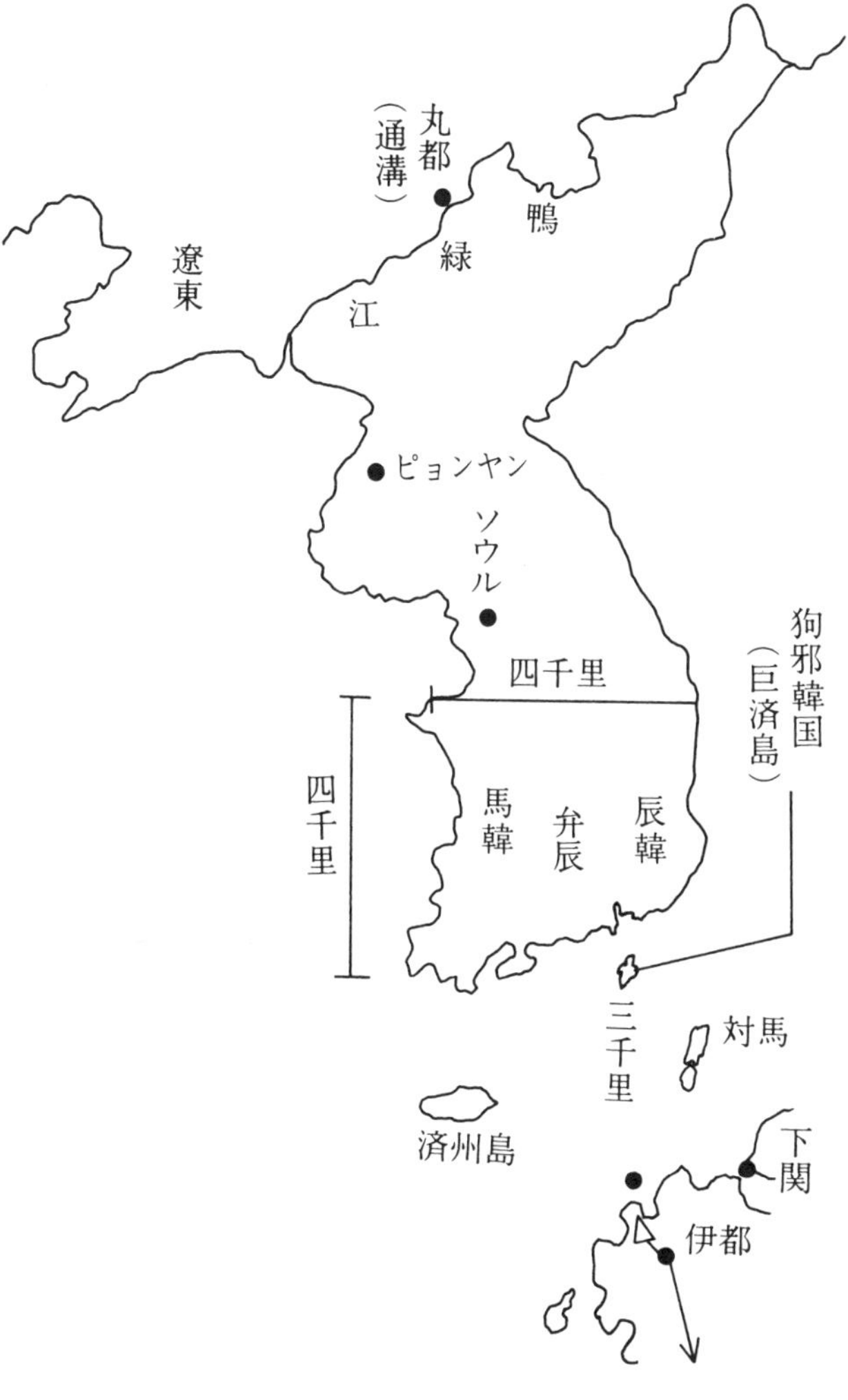
丸都
（通溝）
鴨
緑
江
遼東
ピョンヤン
ソウル
四千里
四千里
狗邪韓国
（巨済島）
馬韓
弁辰
辰韓
三千里
対馬
済州島
下関
伊都

◈帯方郡から倭へ行く距離も「倭人里」

『倭人伝』によると朝鮮半島南端から九州北岸まで倭人里で約三〇〇〇里。この距離を［3］とすると朝鮮半島南部の東西の幅はほぼ［4］である。ということは［ヨコ四〇〇〇里］は［倭人里］だったことになる。ほぼ四〇〇〇里平方だというのだからタテも南北に同じ距離をとれば、当時の［古三韓］の面積が出る。

この古三韓の距離単位が「倭人里」だということは、実は『倭人伝』にもはっきり書いてあることなのだ。それも一番最初の部分に書いてあるのである。

「帯方郡から倭に行くには、海岸ぞいに韓国をへて南へ行き東へ行って、倭の北岸の狗邪韓国に到着する。この間の距離は七〇〇〇余里」と書いてある。この［七〇〇〇余里］が、もし中国里だとすれば、朝鮮半島南端の狗邪韓国から、逆に約四〇〇〇キロメートル北へ測ってみると、シベリア北岸のチクシ付近に届いてしまう。

帯方郡は朝鮮半島の中にあって、絶対にシベリア北端などにはなかったのだから、この［七〇〇〇余里］もまた絶対に中国里ではない。当時の三韓が［倭人里を使う、倭人の国］

だったことは、朝鮮半島の中の距離までも、［倭人里で表示されている］という事実一つだけでも、十分証明されているのである。

◎倭人が当て字した「卑弥呼」の文字

『倭人伝』当時の朝鮮半島が、［沖縄和人］の生活する天地であったことは、十分お分かりいただいたと思うので、今度はそれがいつごろから？　どんなふうに？　進行していったのかという、大きな謎に挑戦してみよう。

この謎解きのキーは意外なところにある。それはヒミコの名乗りの文字はだれが当て字したか？　という、さらにもう一つの大きな謎が、そのキーだったからである。

これまで［卑弥呼］という文字は、魏の帯方郡使が当て字したものと決めていたのか、だれ一人これに正しく答えたものも、それを重要な問題と考えたものもいなかった。しかしそれは最も重要なものを見落としていたことになる。それはヒミコ自身が［上表］していたという事実である。上表というのは手紙を出すことだから、文字で書いてなければ手紙ではない。

それには必ず［差出人］の署名がなければならない。でないとだれが出したのか分からないから、せっかく書いてもなんにもならないし、返事ももらえない。ことに相手が自分より目上の場合は署名だけでなく、相手の名前に様や殿や皇帝陛下といった［敬称］をつけて敬意を表さなければ、相手は気を悪くして、せっかく苦労して手紙を書いても、逆効果に終わってしまう。こうしたことは文字は異なっても古今東西・世界中共通のことだ。

◈漢字はいつ、どう、伝わったか？

だからヒミコの上表には彼女のサインがあったことは疑う余地がない。それにはなんと書いてあったのだろう？　まず文字だが、彼女がギリシャ系だったから、ギリシャ文字だったということにはならない。なぜなら当時の九州と中国の関係は、出土している中国製青銅器の量の多さで、どれくらい多くの交流があったか、はっきりしているからである。

当時は現代と違って、貿易のシステムは単純だった。売り手が自分で品物を運んで直接、買い手に手渡したのである。これは中国では明・清時代になっても変わらなかった。

ここで一言つけ加えておく必要があるのは、そうした商人には、国境という意識は、全然なかったという事実である。どこからどこまでが中国で、どこからが朝鮮で、どこからが倭国だなどと考えもしなかった。ただ荷物を運んでいって、できるだけ高く買ってくれる客を見つけるまで旅をする。彼らが知っていた［国名］は目じるしであって、［政権］ではなかった。そんなものなどどうでもよかったのである。

彼らはまた取引先との通信、メモ、領収証、借用書といったものを書き、地図を持ち、それにも書き込みをするなど、文字は便利な必需品だった。また盗難、天災、病気などのために故郷へ帰れず土着した者もいる。それが千年も続いたのである。漢字が伝わらないはずがない。

◈縄文時代から来ていた中国人

そのほかにも、さらに大きな問題がある。私の本を読んでいただいた方はよくお分かりだと思うが、今から三〇〇〇年以上も昔に、中国の初期帝国［商］の人［殷《イン》人］が日本に来て住んでいて、殷の都からキッカリ二二〇〇キロメートルの、正確な東西線上の位置に、［殷敷＝イナ・シキ］（今の茨城県稲敷郡）と呼ぶ国を置いていた。

その人たちも［商人］だったことは、その国の名が［商］だったことや、先にお話しした［宝貝交易］の主要相手国が、その［商］だったことでも、その事実が理解できる。

またヒミコ当時の倭人は、はっきり公孫氏の支配下に入っていた。当然、魏との交際程度の交流ではなく、向こうの官吏がこちらに来ていたし、こちらからも頻繁《ひんぱん》に公孫氏の国［燕《エン》］へ往復していた。こうした実情でも、漢字は使われなかったはずがない。

だから日本人が孤立していて、文化が開けたのは古墳時代以後だという在来の教育は、根本から間違っている。それはみな、伊藤博文以来の、日本人を［単一民族］だとする［歪曲《わいきょく》］のせいなのである。

謙遜《けんそん》して書いた悪字「卑弥呼」

だから『倭人伝』で私たちが見る『卑弥呼』という字は、こちら側で書いた文字で、決して帯方郡使が当て字したものではない。仮に彼らが別の字を当て字したとしても、上表に書いてある署名と違っていれば「間違い」として魏の政府の手で訂正されてしまう。「本人が書いたほうが正しい」とするのが、良識であり通則だからである。

ではヒミコはなぜ自分の名に「卑しい」という字を使ったのだろう？　もう少しカッコいい文字を知らなかったのか？　彼女はわざと「へりくだった字」を選んで使ったのだ。

それは、当時の魏の勢力と、その侵略主義と、それまで魏の敵国・呉の同盟国の燕に属していた邪馬臺《だい》国の置かれた国際情勢を考えてみれば分かる。ヒミコは生きるか死ぬか、国が生き残るか滅びるかの境に立っていた。そこで「イチかバチか」の賭けに出た。それがその上表を持っていった難升米らの派遣だったのである。

だから体面などかまっていられなかった。できるだけ相手の機嫌をそこねないように、頭を低くして、へりくだって、国を守った。その作戦は効を奏して、私たちが知っているとおりの成果を挙げたのである。彼女は古代エジプトをローマの侵略から救おうと、敵将ジュリアス・シーザーに対したクレオパトラと同じことをした。七世紀に隋《ずい》の煬帝《ようだい》に「日出るところの天子、日没するところの天子に書を致《いた》す」などと書き送ったバカとは、まるで違うのである。後世の武士たちが謙遜して「拙者」といい、私たちも「僕」という良い言葉を使っているのと同じだ。

◇真実のヒミコの本名が物語るもの

でもこうしたことは、状況証拠にすぎない。なぜそれが「へりくだって書かれた文字だ」と分かるのかという証拠にはならない。それはもっと彼女の本質的なもの、彼女が『記・紀』に天照大神として記録され、天皇家第一の神格者として、今に至るまで崇敬《すうけい》されているという事実から、彼女の出身地と、天皇家の周辺を結ぶ「名詞」の中に、彼女の本名の痕跡が残っていないはずはないと調べてみて、はじめて見つかったものなのである。

その動かない証拠であり、また真実の歴史をよみがえらせた「キー」は、古代のままの伝統に支えられ、それを守り続けている天皇家をめぐる「名詞」の中にそのまま残っている「ミヤ、ミヤケ、ミヤコ」という名だった。

このだれでもよく知っている名詞、そんなものでなぜ、彼女の正確な本名が分かるのか？　それから先に説明していこう。この「ミヤ」という語根のもつ意味が分かると、それから語源にさかのぼっていけば、彼女の本名にたどりつくのに、そんなに手間はかからない。

第５章

日本・朝鮮は和人の宝貝経済文化圏

後期縄文人の中心＝殷《いん》人　私の『日本人のルーツ』などが理解されて、古代日本に中国の影響が見られるという学者がふえてきたが、縄文文化の大半は中国の殷の人たちと共通のものである。それはイネとインなどの共通名詞や［委奴国王］の金印や、各地の［イナ、イヌ、イノ］という地名や、この写真の２つの水さしがもつ多数の共通点や、この２つが出土した土地が、同じ北緯 36 度の直線上にあって、その距離も 2200 キロメートルを測量して配置されている、という事実などから、決定的なものだからである。これはその最高の証拠品。
左・**『青銅人面盉《か》』**　中国安陽・殷墟出土（ワシントンのフリア博物館蔵）
右・**『縄文人面注口器』**　茨城県稲敷郡福田貝塚出土、縄文後期（西宮市の辰馬資料館蔵）

◇［宮］はヒミコ時代からの伝統の名

ヒミコが天照大神と記録された人物の一人であり、沖縄がその誕生地ということが確認できてみると、まず目をひくのは彼女の故郷・沖縄に残る［ミヤコ］という地名である。これまではなんの意味もない地名だと放置されていた「宮古島」。その名が改めて見直す必要のある対象になったのである。ミヤコと「都」、この同じ発音は、この島がかつて、その地域の都だった遺物だとみていい。しかし中世以後の琉球王朝はそこを都にしたという事実はないから、この地名は、すべてが忘れられた古代のものだ、ということになる。

今、皇族は「宮」と呼ばれる。それはいつからの習慣か？　また祭政一致と神宮の宮という用法を考えて、これらを総合すると［宮］は『記・紀』初期のヒミコ時代からのものだということになる。『記・紀』を見るとさまざまな当て字の［ミヤケ］が出てくる。これは今、皇族を「〇〇の宮家」と呼ぶのと同じ発音だから、［宮家の］倉とか役所とかいった意味のものである。

そして都も、［宮居］と書けば、居は［居士《コジ》］の［コ］だから［ミヤコ］と読める。必ずしも［ミヤイ］とだけ読まれていたのではないことが分かる。そしてその［ミヤイ］は今では［皇居］と文字が変わっているが、そこにもやはり［居］の字が残っていて、ミヤコの［コ］がこの［居］だったことを暗示している。

◈南九州に点在する［ミヤ］の地名

でもヒミコは、宮古島にはいなかったのだから、隼人町ではその皇居はなんと呼ばれていたか。今そこには「高千穂の宮跡」だという石体《せきたい》神社が残っている。そこがそのまま彼女のいた宮殿跡だというのではないが、そこが奈良朝以前の遺跡であることも確かだから、やはり［ミヤ］という名は使われていたのである。

それ以外の遺跡は、彼女とは間接的なものだが、やはり宮のつく地名が点々と残っている。薩摩郡には古来、女王がいた跡だといわれる［宮之城］という町があるし、宮崎県には、その女王と対立した男王の遺跡だという「都城《ミヤコノジヨウ》」市がある。その宮崎という県の名も、神武天皇に関係のある名だという伝承がある。それならヒミコとこの「ミヤ・ミヤコ」も切っても切れない関係にあるはずである。それはどんな形で残っているのだろう？

実はミヤコという言葉は沖縄語ではない。沖縄語の原則では［ミ＝ビ］［コ＝グ］である。だから原則どおり発音すれば［ビヤグ］になる。だが当時の倭人の大半を占めていたカリエン人の発音は、韓国語や平安朝の貴族語の源流で［清音］だったから［ヒヤコ］になる。これは一見して「卑弥呼」の文字と重なる。［卑とヒ］「呼とコ」は最初から問題がない。また［弥］も日本では、古来［ヤ］と発音してきた文字である

◇卑弥呼と都・宮古とは同じ言葉

しかしそれがなぜ［ヤ］と読まれるのか？　それを確かめないと結論は出せない。カールグレン氏の［上古音］では［弥］は［mi:jar＝ミャル］だった。この発音の最初の［m］の音がとんでいる。このことでその理由がすぐ分かる。それは今の日本語には、最初の［m］を発音しないいくせがあるという動かない［証拠］があるからである。

馬	ムマ	muma	ウマ	uma
梅	ムメ	mume	ウメ	ume
雷	ミカヅチ	mikazuchi	イカヅチ	ikazuchi

兎唇　ミィグチ　miguchi　イグチ　iguchi
弥　ミヤル　mijar　イヤ・ヤ　ija

だから弥も発音は「イヤ・ヤ」になる。昔は万歳＝バンザイを［弥栄（イヤサカ）］といったが、それも本来は［宮栄（ミヤサカ）］だったのだ。［弥］はなぜ［ヤ］と読まれるのか、分かった。［卑弥呼］とは［宮古・都］と同じ意味の名だったのである。［宮古島］は［卑弥呼之国］と書いても同じ発音だったのである。だが、『倭人伝』に登場する老ヒミコは［陸行一カ月］もの［大陸］にいた女王で、そんな小島にはいなかった。宮古島はもっと古い遺跡なのである。

◈［ミヤコ］を生んだのはキレナイカ語

ではその古い遺跡を残したものはなんだったのか？『ヒミコ』の中の「地名が物語る古代文明の波及」を読んでいただくと、今のイタリア、古代のギリシャ領キレナイカの人々が日本にいたことが書いてあるが、そのキレナイカ語では［白］を［ビヤコ］という。それは今のイタリア語にも［ビヤンコ］として残っている。

これがピッタリ［ビヤコ］に一致するから、キレナイカ人も間違いなくこの地域に来ていた、という証明が、また一つふえる。それだけでなく、古代新羅は最初［鶏林］から［斯盧《シロ》］になり、最後に［新羅］に当て字を変えた、と『三国史記』が記録している。

その鶏林を中国語で発音した「チリン」と同じ発音の［知林］島が今も鹿児島県の指宿《いぶすき》にあり、チレニアの語根［チラン］と同じ発音の［知覧］が、そのすぐ北西にある。そこは第二次大戦末期の特攻隊基地の町だったことで今も有名である。

またその南にある［枚聞神社《ひらききじんじゃ》］と［開聞岳《かいもんだけ》］が［ヒラキ・キ］で、それはこの地方の方言が東京語と同じく［ヒとシ］が逆になるので［シラキ・キ］であり、それは［新羅王］を意味するということと、そこが神功皇后が攻めた本当の［新羅］だったことも『ヒミコ』で詳しく説明ずみである。

◇［高句麗本紀］は九州天皇家の記録

ヒミコの「名乗り」の元になったもの、それはいろいろに変化しながらも、「ミヤ」という発音で、二一世紀を迎える今まで、いまだに生き続けていた。そして今、私たちにいちばん、重要なことは、それが高句麗の発展を跡づける働きをするという点である。

前の章の始めにご覧いただいたように、地名によってつけられた、高句麗王たちの諡号《しごう》が、［熊毛王］［球磨《くま》川王］［伊集院王］［隈之《くま》城王］と並んだあと［球磨から熊本県］に広がるが、それは［高麗本《クマモト》県］と書いてもいいものだったことに、もうお気づきだと思う。

こうして九州西部を北上していった王の名にも、やはり「宮《みや》」という名がついているのだ。それ朝鮮の正史『三国史記』［高句麗本紀］にある第六代・太祖王［宮《きゅう》］と、篁一〇代・山上王［以宮《いきゅう》］とである。

また第七代、次大王は［遂成《スイジョウ》］という名をもっているが、この名は『三国志』の前の中国正史『後漢書』の中に出てくる［倭・面土国］の王［帥升《スイショウ》］とごく近い発音の名をもっている。そして「面土」の発音は［ミヤンヅウ］で、これは［宮之城］の実際の発音に一致する。ここは鹿児島県西部を伊集院、隈之城（今の川内市）と北上したあとに、すぐ隣接する町である。次大王は墓地の記事が欠けていたが、今、明瞭に確定したのである。

◎『古事記』は『書紀』の私的な解説書

その『後漢書』の倭・面土国王〔帥升〕は一応〔スイショウ〕と振りガナしておいたが、実はそれは〔スサノオ〕に一致する名である。この王の名は『紀』では「素戔嗚《すさのお》の尊《みこと》」。『記』では〔須佐之男の命《みこと》〕と書かれているので、これまではこれを両方とも、『記』のとおりに、〔スサノオのミコト〕と読むことになっていた。

だが私の研究では『古事記』は、天皇を『日本書紀』どおりに並べているなど、『紀』編集以後に書かれた証拠があり、その中の名詞は『紀』の名詞の〔振りガナ〕に当たるものが多い。過去に『原典』と誤解されていたが、一部『紀』にない貴重な情報をもってはいるが、本としては、『紀』の「私的な解説書」にすぎない、という結論が出ている。

だから〔スサノオのミコト〕と読むのが絶対に正しいとはいえないのである。その文字を、もう一度見ていただきたい。〔素戔嗚の尊〕の素は〔ソ・ス・モト〕といろいろに読めるし、戔も〔セン・サン〕である。嗚は『紀』の古写本では〔鳴《メイ》〕と〔嗚《オ》〕とがあり、『記』の正体が不明の間は、その〔男《オ》〕が絶対と信じられていたが、今ではそれが個人的見解にすぎないことが分かり、「鳴《メイ》・鳴《オ》」共通の「ナク」が、正しいと考えられている。

◎すごく泣いたから「スサの大ナキのミコト」？

「師升」と「素戔烏」とを比べてみると、師は「スイ」で「ス」だけにも使える。「升」は上古音「サング」だが、日本語では語尾の「グ」は前の音を引っ張って「ー」としか発音しない。だから「サング」は「サノー」になる（宮も弓も「上古音・中古音」ともに「キュング」だが、ご存じのように私たちは「キュー」と発音している）。「素」は「ス」に使えば「師」と同じ。「戔」も上古音「サング」で升と全く同じである。

ということは、この二つの当て字は、同じ名である可能性が高いということになる。ただ、「鳴」だけが一字多い。これは「ナキ」と読めば、スサノオの物語の中に、彼は青山を「泣き枯らし」、人々を病気にしたほど「泣き」わめいたという話があるから、これは「ナキ」と読んだほうが、「オ」と読んで語尾をさらに「ー」と引っ張るためだ、とするよりも「合理的」に思える。この場合は「スサノオー・ナキ」と読む必要があり、この「スサ」は「すさまじい」という言葉、「オー・ナキ」は「大泣き」ということになり、その名は本名ではなく、渾名《あだな》だということになる。しかし［オー］は大国の名乗りで［ナキ］は［…の王］という語尾として多く使われている用語だから、襲・薩・奴・倭の王《オー》（尊）という領土の名乗りで、これをひっくるめて［大国《おお》］と呼んでいたとみるほうが真相に近い。

◈スサノオは間違いなく実在の人物

この［帥升］と［次大王・遂成］との関係は、帥升は漢・魏時代の中国人がつけた当て字で、遂成は中国人でない和人がつけた当て字だという違いがある。

それを計算にいれて比較しよう。

［帥］と［遂］はどちらも［スイ］。

［升］と［成］は［ジョウ］と読むと、成は［成仏＝ジョウ・ブツ］のジョウで一致。

これで分かることは、［遂成］と当て字した人は仏教用語の［ジョウ］と同じ［呉音＝南中国語の発音］を使った人だった。［帥升］を［スイジョウ］と発音したものを耳で聞いて当て字した。その人たちは［スサノオ］という発音を知らなかったということである。

しかしこの名が解明できたことの、何よりも重要な成果は、これまで『神話』だ、宗教行事から生まれた架空の人物だ、といった学説で、完全に［架空の作りもの］だという定説が固定していた彼が、実は生きて血のかよった［実在人物］であり、日本と高句麗との［双方の歴史］に登場する人物だったことが、「確認できた」ことである。

それは『後漢書』［東夷伝］の中の［倭伝］と呼ばれる部分に「安帝・永初元年＝一〇七年に漢の都・洛陽まで行って皇帝に会見を申し入れた」と記録されている。

◈王名と歴史記事のズレはなぜ起こる？

「でもなぜ、帥升と同一の名をもった［遂成］ではなく、一代前の太祖王［宮］なのか？」と奇妙にお思いだと思う。それは『三国史記』のこの辺りの記事は、［王名］と［歴史記事］とが『後漢書東夷伝』の記録とも、『魏志東夷伝』の記録とも、どれもこれもみな「合わない」のである。それは中国のものに比べて、一代ずつズレている。

その原因はすぐ分かる。『三国史記』の編集は九世紀になってからである。こうしたズレができるのは、王名と歴史記事とを、別の記録から寄せ集めて、一つにした証拠なのである。そして記事のほうには、王を名前で呼ぶのを遠慮して、ただ「王は……」とだけ書いてあって、名が書いてない。だからその事跡（行為）は分かるが名が分からない。それを大体の［見当］で一緒にしたから、こんなふうにズレてしまったのである。

しかしそれが中国の『東夷伝』にも記録されている場合、あちらでは外国人のことだから、何も遠慮はいらない。ズバリと名前入りで記事が書いてある。それは『ヒミコ』でお分かりのように、日本の場合でも同じである。こちらでは［天照大神］という敬称だけしか書いてない人物を、向うではヒミコ本人が署名した［卑弥呼］という呼び名で書いているから、双方を重ね合わせてみると『真相』がはっきり分かるのである。

◇なぜ［言語］が、歴史の真相を教えるか？

これと同じことは、同じ『記・紀』の中の記事でもみられる。私は早くからそれを発見していたので、それを分類し、比較して、『真相』を整理し続けてきた。

何が重ね合わせを困難にしていたか？　それは［名詞］が合わないことだった。同じ人物のはずなのに、どうしても別人のようにみえる。それはなぜなのだろう？　その答えは「記録者が変わると、同じ名詞でも、発音も当て字も変わる」の［原則］が働くからだ。

その変化を引きおこす原因は、［方言差］だったり、［外国語］だったりする。また［時代によって変化する文字の発音］もある。

それらはすべて［言語］の上に起こる問題である。だから元の名前に戻すには、それらの最初の文字は、だれが？　いつの時代に？　どこの言葉で？　なんという発音で？　何を書いたのか？　を調べれば、その名詞の正確な［元の発音］が復元できる。

それが同じ名を写していたのなら記録が変わっても、同じか、ごく近い発音に復元できる。もしそれでも一致しなければ、はっきり別人だと判定できる。バラバラになっていた記録をこの方法で見分けて正しく配置すると、それまで大混乱していたものから『真実の歴史』が、［最初の記録通り］に［復元できる］。これが私の研究の原理なのである。

◈「国が移動した」と思うのは大間違い

［倭・面土国］は［宮之城］のことだった。これが分かると、それをもとに私たちはすぐに、何を考えなければいけないのか？　それをご一緒に考えてみよう。

その国王は『三国史記』では［高句麗王］になっている。中国の記録では［宮之城王］

だ。どちらが正しいか？　答えは簡単。たった今、お話ししたとおり、中国の記録のほうが「生《な》ま」のままで、間違った「人工」の手が加わっていない。

では朝鮮の記録のほうはデタラメか？　というと、それも違う。「高句麗王」だと「言えなくもない」のである。しかしいうまでもなく高句麗は、紀元前から北鮮にあった国である。一方「宮之城」は今でも鹿児島県にある町である。同一人というより、ただ一人の王が、航空機も自動車もない時代に、そんなに遠く離れた二つの国を同時に治めていたとは、とても常識では考えられない。だからそれは「錯覚」なのである。

それらの王は中国の記録のとおり、宮之城あたりの王だったことは事実だが、その「面土」は実際は「国名」ではなく「地名」であって、今なら「住所」にすぎない。だから移動するたびにその名が変わる。ただその人たちの集団が次第に移動して行ったあと、高句麗の政権を手に入れたから、その瞬間に、その過去の歴史が『高句麗史』になっただけなのである。

◇幻想にすぎない過去の日本建国史観

こうした事実が理解できない者は、本当の歴史とは全く違う別の［幻想］をもってしまう。あなたも、前のページを読むまでは、高句麗王というのは、代々、北鮮で暮らしていたというふうに、頭の中に思い描いていらっしゃったはずである。

あなたが、そう思われたのはムリもない。しかし自分で［専門家］だと主張してきた人々がそれでは、ウソばかり言ってきたことになる。それはあまりひどい言い方だと、お思いになるかもしれない。だが「遅れている」とか「無知だった」とか「程度が低い」と言い換えても同じことである。

邪馬台国という一つの国しかなかったと思っていたり、邪馬台国ははっきりした国境の中にあって、一つの地域に固定していたと思って「その所在地はどこ？」と興味をもっていたり、ヤマト朝廷というのは奈良だけにあったと思っていたり、本当は応神天皇朝だった隼人朝廷を熊襲《くまそ》だとか隼人という野蛮な［民族］だと思っていたり、話したり、書いたりしてきている。

それらは全部、事実ではない。［幻想］にすぎないのである。そうした事実でない幻想にすぎないものを［事実］だというのは、［ウソ］という以外に言いようがない。

◈古代版「単身赴任セールスマンの悲劇」

ヒミコ当時の高句麗は、一体どうなっていたのであろうか？　北鮮にあった高句麗は、よくお分かりのように、殷の時代から中国に供給していた宝貝の、中国国境に接した最先端の販売拠点《きよてん》だった。今でいえば商社の支社だったのである。それがなぜ分かるか？

寒冷期が長く、農作物では生活困難な地域の北鮮や沿海州に、和人の国やギリシャ人の邑婁《ユーロー》があった理由は、彼らの本来の経済主体が［宝貝］供給だったからなのだ。仮にそれが、従来考えられていたような、人種集団の移動と侵略だったら、彼らはそんな寒冷地を選ぶことはない。なぜなら邑婁人は一年中、半裸体で暮らしていて、冬でもブタの脂肪を肌に塗って寒さをしのいでいる人々なのだ。だが当時の世界は国境もなく、もっと暖かい土地が世界中に、いくらでも空地のままで転がっていたからである（『ヒミコ』参照）。

しかし中国でも金属貨幣が出回るようになると宝貝産業は崩壊してしまった。親会社が倒産したのである。だれも彼らを救い出しには来てくれない。とり残された人々は狩猟や、放牧や、農耕で生きていくしかなくなった。『魏志東夷伝』の時代はその当時なのだ。邑婁人の記録は彼らがそんなところで、どんなに貧しい生活をしていたかを活写している。それは、宝貝産業のために単身赴任していたセールスマンの悲劇だったとみると理解できるのである。

◈なぜ、朝鮮史か？　植民地だった半島

あなたは、神武天皇の建国史を読もうと思っているのに、なぜ、朝鮮の歴史ばかり長々と読まされるのか？　とご不満かと思うが、もう少しご辛抱いただきたい。

もうお分かりのように、そこは従来、想像されていたような「他国」ではなくて、その国名がはっきり証明しているように、住んでいるのは全部「日本語」を話す人たちだった。それを現代語でいえば、北は高句麗に至るまですべて「和人の植民地」だったのである。

これがお分かりいただけないと、これからお話しする「暴れん坊大王・位宮」の話も、その後の「神武東征」の本筋も、まるで「朝鮮人による日本征服」のように、逆立ちした反

対の印象になり、あなたをはじめ日本の読者に［総スカン］をくうことは間違いないからである。

そんな［無実の罪］で嫌われるのはバカバカしいし、何よりもそれでは、苦労してせっかく書いたこの本が読んでもらえないことになる。だから当時の朝鮮が、真実、和人の植民地で、『三国史記』が記録している三韓の王たちは「みな、倭人か和人だった」という［歴史事実］を理解していただいてから、本筋に入る必要があったのである。

でもまだ、国名が日本語だったり、高句麗王の名が九州のものだったりということだけでは朝鮮半島が植民地だったと納得《なっとく》できない方に、もう一つ面白い証拠をおみせしよう。

◎宝貝産業と和人の分業態勢

宝貝産業は大規模産業だったから、多くの人手が必要だった。その中心はインド経由で来た人々だから、それぞれの仕事は分業であり、それは親子代々の世襲制の家業になっていた。こうしたカースト制度は［士農工商］として江戸時代まで定着していたから、その人々がどんなふうに分業し、仕事をしていたかを、想像でなく、科学的に推理することができる。

①船を漕ぐ人、船頭たち。②貝のいる場所、サンゴ礁などを探す人。③海に潜ってとる人。④収穫物を積んで干し、貝の中身を腐らせる人。⑤腐った中身をエグリ取る人。⑥汚れを擦り落とす人。⑦洗う人。⑧製品を選別して不良品をハネる人。⑨運ぶ人。⑩商売する人。

この人々が、宝貝では食えなくなった後、それぞれの集団を作って移動したら、その行った先々で、なんと呼ばれるだろうか？　今の中国語の［人］は私たちが耳で聞くと［リ］に近い音に聞こえる。それなのに私たちが［人］を［ジン］と発音するのは、ラ行の音をザ行に発音する鹿児島語の遺産なのである。語尾に「リ」をつけた業務名は次のとおり。

①漕ぐ人＝コグリ。②探す人＝サグリ。③潜る人＝モグリ。④干し積み人＝ホズミリ。⑤えぐり人＝エグリリ。⑥こすり人＝コスリリ。⑦洗い人＝アライリ。⑧はね人＝ハネリ。

⑨運び人＝ハコビリ。⑩商売人＝アキナイリ。

◈宝貝産業が生んだ和人の氏族名

今、韓国の人は［高句麗］を［コグリョ］と発音する。①のコグリによく似ている。蒙《もう》古《こ》は［モンゴリア］である。③のモグリによく似ている。④のホズミリは穂積という姓によく似ている。姓なら②のサガシリと佐賀氏。⑤エグリリと平群《へぐり》氏。⑥コスリリと居勢《こせ》氏。⑦アライリと新井・荒井氏。⑧ハネリと羽田《はねだ》氏。これは次のように見れば一致する。

平群氏は殖栗《えぐり》氏と同族で、助詞の［…へ］は［エ］と発音する。どちらも［エグリ］と発音できる。南九州語では「こする」は［コセッ］で居勢氏と同音。ハネリは［はね手］と呼ぶと古語では［手＝タ］だから羽田と同音。この平群・居勢・羽田は葛城・蘇我《そが》・紀氏とともに、武内宿祢《すくね》の子孫であり、武内は宝貝産業の社長・高氏の本流なのだから、こうした氏族名は、「担当部課」の名であった可能性が非常に高い。こうみると残る［葛城《かつらぎ》］も南九州語で、紐でくくって荷造することを［カラグッ］と言うのに合う。葛は［カラ］、城は沖縄・大隅語では［グスク・グスッ］だから［グッ］の当て字に使ったとみていい。蘇我と紀はこの産業の主宰者すなわち経営者だったから、この種の［担当部課名］はない。

残る［アキナイ］も南九州語では［アッネ］と発音するから阿久根という姓や地名に一致する。これでみると［コグリョ］という発音は高句麗王のこと、「モンゴリア」は［潜り屋］の方言化だと分かってくる。

◈コジツケか、それとも発見か？

これをお読みになって、おかしがったり、お笑いになったりしていただけたと思う。本当にどんなによくできたパロディでもマンザイのネタでも、こんなにうまくいくのは見当たらない。［サゲ・オチ］が一〇以上もあるのだから、落語にも古来、例がない。

ではこれを［学問的］にみると価値があるのだろうか？　今の段階で捨てておくと、評価は人によってマチマチになる。なぜなら今の日本では［評価基準］が確立していないからである。それは当然で、こんな問題を科学的に検討した例もまた、過去にはないからだ。だからここで、その評価基準を作っておこう。それは日本語の形容詞がもつ［評価力］の活用である。一つ似ているのは［他人のソラ似］という。二つでは［コジツケ］といわれても仕方がない。三つなら［マグレ当たり］程度。四つあれば［事実に近い］といえる。

五つも似ていると、［ほぼ真実］と認めていい。六つなら［真実］でなければ、そんなことは起きない。七つならそれは［一致して真実を証明］しているし、八つ以上あれば、［疑う余地のない真実］だと、評価するほかない。もうそうなれば、それは［似ている］のではなくて［同じもの］なのだ。そして同じものが［物］でも［言語］でも［法則］でも、それが見つかった場合は『発見』と呼ばなければならない。それはそのシステムが［科学的に］常に役立つからである。

◈鴨緑江《おうりよくこう》を支配した［漕ぐ人］

宝貝産業は、その商品が重い。これが販売のネックだった。車さえない時代には、船が最高の輸送手段だった。しかし鉄の釘が発明されるまでは、木のクサビで止めたり、木の皮で結んだりする程度の方法しかなかったから、大型の構造船を作ることは不可能だった。また、小船に重い貝殻を積んで広い海に出ることは危険だった。それが沖縄から直接、中国へ行かずに、島伝いに南九州から北上して、朝鮮半島経由で商品を運んだ理由である。だがここにも難関が一つ待ちかまえていた。それもとても厄介な相手である。それは鴨緑

宝貝産業の分業　どれがどれか考えてみてください。このほかにももっと国際的に広く［ウイグル］と［負い子＝ウイグ］や［バイカル＝貝（バイ）狩る］や［えらぶ（永良部）＝選ぶ］などがある。他にもっとないか、と捜すことも考えてみて下さい。

江である。この大河は中国が朝鮮を支配するたびに、それを挫折《ざせつ》させたほどの恐ろしい相手だったのである。それを征服できたのは、ただ「漕ぐ人＝コグリョ」だけだった。だからこそ高句麗が国名になり、この大河の南北流域を支配下におくことができたのである。

それは今でいえば海運力であり、海軍力だったのだ。このことがのちに、カリエン人の海運力よりもまさった能力をもったギリシャ系の倭人に、高句麗の支配権が移った理由でもある。彼らはフェニキア系の構造船技術の持ち主であった。ヒミコ当時、帯方郡使を運んだのも彼らだったし、後でお話しする、この本の最重要プロットになる「高句麗王の高速・沖縄逃亡」なども、この海軍力を抜きにしては考えられない事件だったのだ。

殷《いん》商から前漢までの歴史

そうした宝貝産業の人々が、初期の顧客の主力だった「殷人の商帝国」が滅びて打撃を受けたことは間違いない。ここで茨城県の稲敷郡のことを少し考えておこう。この郡に住んでいた人たちは、そのとき、日本列島へ避難してきたのだろうか？

稲敷は殷都の安陽から正確に真東にあってその先は太平洋に面している。古代の人にとってそこは東のはずれだった。ということは［稲］を作っていた農民帝国の神［太陽］を祭る第一の祭の式場としては［稲シキ］の名が意味をもつが、難民が逃げた土地としては三六度線上に正確に二二〇〇キロメートルを測定して式場を作る意味がない。避難なら逃げることと生きることが先で、とてもそんな大測量などしていられるわけがないからだ。

また打撃は受けたが宝貝産業はその後の周《しゅう》帝国でも、戦国時代でも発展し続けて、とうとう今みたような高度の分業態勢をととのえたのである。そのころ中国の今の遼寧《りようねい》省には金属文化が栄えたが、それが当時の和人の中心地の位置を示している。

しかし金属貨幣が作られはじめると最初は［漕ぐ人］の作った高句麗も、次々に職を失った部族が入ってきた。また集団の母体だった扶余や、後期に参加した邑婁《ユーロー》などは別の国々として分離し、漢の武帝が紀元前一〇九年に満鮮を征服して漢の玄菟《げんと》郡にしてしまったのである。

◇『民族』を差別し続ける遅れた学問

研究の一部のダイジェストにすぎないが、以上だけでも、当時の日鮮周辺の実情がお分かりになったと思う。これは時代遅れの国家主義がまだ残っている国にとってはショックだと思うが真実を変えることはできない。真実を敵にまわして勝ったためしはないから自分の時代遅れを改める以外に生き残る道はない。要するに日本列島も朝鮮半島も一〇〇〇年もの間に、宝貝産業を営んだ和人が次第に移住して住んでいた土地で、どこからどこまでが日本だ、朝鮮だといった区別はなかった。それがなぜこれまで理解できなかったか？

それは『民族』という固定観念に立つ、言語学や考古学や民俗学などの遅れのためなのだ。［言葉］が『民族』を区別するといって［比較言語学］といった学問が使われたが、それはどれだけ『民族』を分類できたか？　ゼロなのだ。なぜだろう？　それはあなた自身や全世界の人をみれば分かる。移住者は移住先の言葉を話さねば生きられず、子供の代以後になると、言葉は親の出身地のものと完全に変わる。同じ一族がまるで別の言葉を話す。だから、言葉で『民族』が分かるわけがない。しかもその『民族』自体どんなに混血し、『民族』という言葉自体、どんなに実体のない［デタラメな言葉］かは、世界をみても、過去に単一民族だと錯覚されていた日本人の真実の歴史をみても、もうすでに完全に［立証ずみ］なのである。

◇浮かび上がる［書かれていない歴史］

今、朝鮮半島では朝鮮語が使われている。これもそのためなのである。いくらこちらから移住していっても、向こうでは大昔からその土地で使われている言葉で話さないと、食べ物一つ買うことができない。生きていけないからどうしてもその土地の言葉を使うようになる。このためにどんなに多くの人が移住していっても、言葉だけは大昔のまま残る。人間が全部入れ替わって、別の集団に変わっても、言葉だけは延々と生き残る。このことはあなたの身のまわりでも例外なくみられる［事実］である。だから［言語］は『民族』なんか教えてくれない。

だがそれは［裏返すと］、それでも、なお［別の言語］が混じっているのは、生きた人間以外に言葉を持ち込むもののなかった時代だから、その新語を持ち込んだ人々が［間違いなくいた］という［動かない証拠］になる。その種類やナマリ、ほかの文化財などを調べると、次第に［書かれていない歴史］が浮かび上がってきて、正しい真相が分かるのである。

先にみていただいた［三韓の小国名］は、その土着の朝鮮語ではなくて、はっきり日本語だと分かった。あれもこの［書かれていない歴史］の［動かない証拠］の一つなのである。これで当時の人の流れ、おかれていた立場、日本と朝鮮の関係は、そこで生まれた［氏族の名］までハッキリ浮き彫りになって、目に見えるものになったのである。

第６章

東征の背景にある偉大な倭人圏

ダンダンウイリクの壁画　ハンガリー生まれで後にイギリスに帰化したオーレル・スタイン（1862―1943）が、シルク・ロードに遺物を求めてはいり、敦煌《とんこう》その他の資料を大量に持ち帰った。その中の一つ。アショカ王の命令で北へ向かったミジマ布教団の成果がタクラマカン砂漠周辺に花開いたことを証明する貴重な遺物。女性はいろいろな解釈があるが、その地域の善女（仏教の女性信者＝ウワイ＝倭）を写したものであることは間違いない。

謎の高句麗五部族の正体

高句麗王家が南九州から北上したことと、当時の極東情勢がひととおりお分かりになったと思う。では「北鮮には行かなかったのか?」。『魏志高句麗伝』をみるとその国がどこにあって、どんな国だったか、そしてだれがそこへ行ったか、が分かる。

「高句麗は遼東の東、千里にあり。南は朝鮮、濊貊《わいはく》。東は沃沮《よくそ》。北は夫余と接して、丸都《がんと》下《か》に都する。方二〇〇〇里。三万戸」「良田なく、佃作《でんさく》に努力しても不足なので、口腹の問題は節食が習慣になっている」「その性格は凶急(荒くて気が短い)、喜んで寇鈔《こうしょう》=侵略して掠め盗る」「東夷の旧語(言い伝え)は、この人たちは夫余人の別種だという。言語、諸事は多くが夫余と同じだ」と書いた後、次の[五族]があると記録している。この[五族]は重要なので、少し詳しくお話ししておこう。

(1)[涓奴部(ケンノブ)] この部族は元、国王家の一族だったが今は王にはなれない。だがその当主は、古雛加《コスカ》という称号を称えることができるという。このケンは絹と同じ発音で、キヌはその呉音、沖縄語ではチヌという国名になっているから、当然、国王の名乗りだ。その部としての仕事は［キヌの部］で、織物と着物（キヌ）の生産と、販売の担当部族だ。天照大神が、その主宰者だったことはご存じのとおりである。その遺名＝古堅《ふるげん》氏など。

（2）［絶奴部（ゼヌブ）］　この文字は［銭＝ゼニ］すなわち宝貝を扱った販売部の部族名への当て字。高句麗を植民地にした目的は販売だから、そこで一番の有力部門だったことは、いうまでもない。だから国王家の次にある。この位置から、その名が銭部だと分かるのである。この部の遺名は次の部と併せて［貝部］だったとみえて今、海部という姓が残る。

（3）［順奴部（スンナブ）］　日本の古語では漁は［スナドリ］という。魚は砂にいるものではなく、砂にいるのは貝である。スナドリという言葉は漁といえば貝とりの時代に生まれた言葉なのである。この部は販売とならんで重要な基幹部門であった貝採集のスナドリ部門が、高句麗からみれば第三位にあったことを示している。また種子島の言葉はスナドリブといったような長い単語を「スンナ」と省略する。この名には種子島方言が働いている。またこの［順］の字を日本語で［スナオ］と読むのは、［砂男］からきているとみると、この当て字が貝漁を示していることが分かる。

また、NHKの気象予報を聞いていると「雨の降る」「天気の悪い」という助詞の使い方が耳につく。これは関東方言のクセであって、標準語では「雨が降る」「天気が悪い」である。この助詞の「の」と「が」の違いは三世紀より前からあったとみえて、このスナブが「スガブ・スガウ＝菅生」という当て字として残っている。そしてその「スガウ」の名はカリエン人の部族名として、はるかなミヤンマーやタイに今も残っているのである。

（4）「灌奴部（カンナブ）」 この部族の名を取った道具がある。カンナ（鉋）である。こうした道具が現れたのは、鉄器時代に入ってからで、この名が部族名と道具名の双方に合うのは、その発明者で、供給者だったからである。

『魏志・辰韓伝』には「この国は鉄が出る。韓・濊《わい》・倭人が自由にそれを取っている」と書いてあるから、その鉄で鉄器を作る仕事が始まっていた。もちろんそれ以前から青銅器も作っていた。その担当者がこの「金の部＝カンナブ」の人々だ。なおその当時のカンナは現在のようなものではない、大きいノミのような「やりガンナ」といわれるようなものが当時の文化財としてたくさん出土している。だから刀剣以外の木を削る道具をカンナと呼んだのである。中国地方は山地に「カンナベ・カンナビ」という地名が残っているが、川辺も「カンナベ」と読めるので、この人々の移動の跡がたどれる。

(5)［桂婁部（ケイロウブ）］　この部族が今の王族だと書いてあるから、先にみた九州を北上していった太祖王・宮や山上王・位宮の一族である。それはその［宮］の名が示すようにヒミコの一族であることが分かっている。それならこの［ケ］は［毛］である。ケは沖縄発音に直せば［キ］だから、ギリシャ人の王を意味する［キリ王］に対するカリエン訛りに当て字したものである。その仕事は［斬り王＝軍事］だったことが、位宮王のその後の行動で分かる。彼は歩兵、騎兵あわせて二万を率いて魏の大軍と戦ったのである。

◈前漢滅亡で暴れはじめた高句麗

高句麗人の部族構成がどんなものだったか、これでよく分かった。その人たちが「方二〇〇〇里。三万戸」に住んでいたのである。『倭人伝』に書かれた倭人と同じ人々なのだから、家屋も、家族構成も似たようなものだったはずだが、先にみたように食料事情が悪かったから、人口は戸数に比べて少なかった。それでも半分とみて、一戸一五人平均だから四〇～五〇万人はいた。それでなければ二万人もの軍隊はつくれない。

紀元九年に前漢を乗っ取って［新］と改め、皇帝を自称した王莽《おうもう》は、それまでの王侯貴族を追放して、自分の部下を諸侯に任命した。その結果全国に動乱がおこり、四方からフン人などの外敵が侵入、作物は荒らされ気候は悪く、中国北部は大飢饉に襲われて収拾《しゅうしゅう》がつかなくなった。

高句麗はそのとき外臣の印綬を受け、独立を認められたが、飢饉と動乱による難民の流入に困っていた。それなのに王莽は一二年、高句麗に防衛軍を出させてフン人らと戦わせることで、双方の力をそいで漁夫の利を占めようとした。高句麗では、そんな見え透いた戦争にはだれも行きたがらない。王莽はあらゆる手段を使って脅迫して強制的に出陣させたが、兵士はみな前線から逃亡して帰国しはじめ、途中にある民家に押し入って荒らしまわった。そこで、遼西大伊《りょうせいたいいん》（太守）の田譚《でんたん》は、それを連れ戻そうと追撃したが、あべこべに殺されてしまった。

この事件を州郡の知事たちは、高句麗人の統領である［騶《とう》］の責任だとして王莽に厳罰にするように要請したが、厳尤《げんゆう》はそれはいけないと反対して、「貊《はく》人（高句麗人のこと）

右・高句麗の古墳壁画にある騎馬武者　山上王・位宮の時代は騎馬戦の時代。彼は呉の使者がきたとき孫権に大量の馬をプレゼントしたが、呉の軍船が小さくて80頭しか積めなかったという記録が残っている。ただし高句麗馬はアラビア馬に比べて小さい。だから小《コ》馬《マ》という。国名のコマと共通である。青森の下北半島などに残る日本の野生馬や蒙古馬に近いが、タイの奥地ではカリエン人によって運ばれた子孫が、今も飼われている。(写真左)

ジャワのボロブドウル遺跡の航空写真　ジャワではソナカによって始められた仏教は消長があったが、後には古来の土俗信仰とシンドゥ教がミックスされて、ジャワ式宗教として16世紀まで栄えた。日本の邪馬臺と同じ人々によって始まり、似た運命をたどったといえる。

は確かに法を犯しましたが、今それを罰して彼らの反感を買えば、きっと反乱が起こり、その同族の国の夫余、濊《わい》などが同調する恐れも十分あります。フン人にさえ勝てずにいる今、そんな厄介なことを引きおこすより、ここは我慢して許して手馴《てな》づけたほうが得策です」と忠告した。

しかし愚かな王莽は、それではワシの威光に傷がつくと、高句麗など攻め滅ぼしてしまえと命令したので、厳尤は仕方なく「今回の事件について善後策を相談したいから……」といって統領の騶《とう》をだまして呼びよせて殺し、その首を洛陽の王莽に届けた。

朝鮮の正史『三国史記』は、この事件を第二代・瑠璃《るり》王のときのことで、殺されたのは将軍の一人延丕《エンピ》だとしているが、瑠璃王には騶《とう》という名はなく、瑠璃という名を追求していくと［琉球］になる。ほかの王たちと同じく、この王も北鮮の王ではなかったことは明らかで、『三国史記』は史料を寄せ集める際に、後の高句麗王朝と混同しているのである。

王莽は大喜びで、それを「ワシに背くとどうなるか」という［見せしめ］にしようと、知恵を絞って、「高句麗は今後、下句麗と呼べ」と天下に命令し、さらに反乱を恐れて、高句麗の若者を捕らえて江南に強制移住させた。海南島のリエ人たちもその一部である。

そしてあとにはロボットをすえ、［新・帝国］の属国である［高句麗侯国］だということにしたのである。

◎「中国正史」不信におちいるワナ

この高句麗の統領［駒《とう》］は、本によっては［鄒《すう》］と書いたものがあるために、古来、高句麗始祖王・高朱蒙のことだとされている。それは『三国史記』［高句麗本紀］に、彼の名は一名を［鄒牟《すぼう》］または［衆解《すがい》］という、と書いてあるからである。

しかしこれまでもみてきたように『三国史記』は盲信できない。それをやってしまうと古代朝鮮史の入ったほかの中国の正史は全部間違っているようにみえてしまう。うっかりしていると、朝鮮の歴史は朝鮮の本のほうが、よく知っているように思ってしまうからである。しかし［真相］を明らかにしようという学問では、そんなデタラメな先入観ではいい加減な説しか生まれない。これは古記録を生かして使うにはどうすればいいか？という問題である。そしてどちらが正しいかは、次のような二つの要点で簡単に分かる。

①『三国史記』は、九世紀になってから拾い集めたものなので玉石混交である。

中国の正史は［同時記録］をあまり遠くない時期に選別したもので珠玉篇である。

②だから「中国の正史」を信じて『三国史記』の記事のほうを修正すると、これまでもご覧に入れたように、各記録がうまく噛みあって歯車がスムーズに回転しはじめる。

その逆にすると必ず支障が出てくる。これでどちらが正しいか簡単に結論が出た。

その実例は、先にご覧にいれた高句麗王の［宮］という名である。それを朝鮮の歴史だからと思って朝鮮語や中国語で発音しても、語源も、居住地も全然分からないが、日本式に［ミヤ］と発音したとたんに、それは鹿児島県の宮之城の王だったことが分かり、ほかの王名も全部が、その近くの地名と一致する一連の名乗りだったことが分かったことで証明される。『三国史記』はそれを知らずに書いているから、寄せ集めた記事や、書き加えた記事が矛盾したものだらけになっている。

◇たくさん生まれた［倭］と［邪馬臺］

『三国史記』だけではないが、この高句麗王朝のような［政権］を、高句麗とは北鮮だけにあった土地で、そこから［絶対に離れないもの］と思いこんでいるものが多い。それはまた、「邪馬台国はどこにあったか？」というのも同じことだし、いまだに新羅・百済といえば「朝鮮半島だけにあった国」と思いこんでいるのも同じである。

だが『ヒミコ』でお話しして、よくお分かりいただいたように、［倭＝ウワイ］というのは仏教宣布団が行く先々で生みだしていった［信者集団］であって、その別名がジャムブ・ディパであり、それに対する当て字が、ジャワでは耶婆提《やばてい》であり、日本では邪馬臺《じゃむてい》だったのである。

だからそれは政権というより、法王庁のようなものだったと思えばいい。当然、その土地の住民全部が［大移動］したわけではない。その一部が（もちろん少数ではないが）新たな信者を求めて移住し、そこに新たな邪馬臺を作り上げていった。そしてその［信者］が［ウワイ］という発音で呼ばれ、それに漢字で当て字したものが［倭］だったのである。

それと同じことは現代でもみられる。イスラム教は［マホメット教］と呼ばれることで分かるように、アラビア語の名をもった教祖が創始した宗教である。しかしそれは今ではアラブだけでなく、インド・ミャンマー・インドネシア・フィリピンから中国まで、広い地域に広がっている。しかしその人々はアラブ人ではなく、それぞれの土地に以前から住んでいた人たちである。でもその人々は全部一様に［イスラム教徒］と呼ばれ、中国では［回々］と当て字されている。それを［民族移動］だといったら、嘲笑《わら》われるだけだ。

［倭］も同じだ。人種にはお構いなく、すべて［ウワイ］と呼ばれた。それが支配階級として人々を指導していたために、中国人からみれば政権にみえたのだ。それが日本の［祭政一致］の自然発生であり、それはまたアショカ王の夢の実現でもあった。だから日本独特のものなどではない。インドの周辺に池の波紋が広がるように次々に生まれていった中の一つなのである。バーミヤンや敦煌やミヤンマーやタイやアンコール・ワットやボロブドゥールなどに今も残る遺跡は、すべてその［民族移動ではない波動］によって生まれた［倭の痕跡］なのである。

敦煌《とんこう》は重要な［倭人］遺跡

敦煌は唐代以後も余命を保ったから、その時代時代に新たに荘厳を加えていて、その出発点がアショカ時代だということが分からなくなっている。日本では、さらに小説などで全く別のイメージに作り変えられてしまったが、実体はそんな小説程度のものではなく、仏教史上最大の意義をもった大遺跡であり、『ヒミコ』でご説明した［金髪碧眼《へきがん》のウースン（烏孫）人］のいた都だったのである。彼らの特徴は岩山を掘って巌窟《がんくつ》を作っていることで、同じ地中海人の［邑婁］人も、『魏志東夷伝』に「常に（いつも）穴居する」のが特徴だと書いてある。

その巌窟寺院を彼らが創始したのは、洞窟の奥深くに聖域を設けるギリシャ思想の現れである。それも『ヒミコ』でお話ししたとおり、彼女も受け継いでいた伝統で、日の神アポロンの巫女ピューティアが鎮座《ちんざ》していた洞窟であり、天照大神の［天の岩屋］でもある。

こうみてくると［鳥孫］の鳥も［ウワイ］の語源［ウパサカ］への方言差の交じった当て字だった可能性が強い。それはほかにも同じような証拠があるからである。『魏志烏丸《ウカン》伝』をみると大量の古代日本的民俗があるだけでなく、［ウカン］という発音は［大日の］と書いたものの大隅式読み方と一致するし、その聖地［赤山］はインドに今も大勢いる［アカヤマ］という名と同じである。それはまた次のように、［倭］の名が分布していた地域でもあるのだ。

◈［倭人］の分布は広大なアジア全域

［倭］が出てくる古記録には『山海経《せんがいきょう》』『漢書』『後漢書』などがあり、ほかにも『論衡《ろんこう》』

に「倭人がチョウソウ（鬯草）というものを、周の皇帝に貢いだ」という記事が出てくる。また、当然のことだが『三国史記』にも大量に登場する。

それらを精密に検討してみると、前漢代には今のモンゴル（蒙古）地域にもいるし、後漢代には沖縄以南にもいたことになる。私たちの結論の正しさが裏付けられる。だから［倭］とは日本人だけを指す名だと思い込んでいたこれまでの倭人観は、完全に根本から間違っていて、そうした［人種］としては、日本人とも日本列島とも、全く関係のない名詞だったのである。それはお分かりのとおりアジア全域に広がっていた［信者］を呼ぶ宗教上の呼び名なのだ。

真実の『倭人伝』の世界はこんなに広大だったのだ。過去のちっぽけな「邪馬台論争」が、今のあなたの知性の鏡には、どう映っているか？　私にはそちらのほうが興味がある。

その［ウワイ］はまた独立した言語という、別の形でも残っている。それをもっている人々こそ、バビロンからインドへ、台湾から沖縄、九州へ、そして高句麗から江南へ、そして雲南からミヤンマーへと環流したカリエン人なのである。

◈日本語のルーツ［カリエン語］のすごさ

タイ・ミャンマー国境の奥地へ一三回調査に行ったことは、先にもお話ししたが、その最大の成果が、カリエン人についての完全な知識だった。その言葉が日本語と密接な同系語だったことは、その数詞だけで分かったほどだが、もう少し例をご覧にいれると、兄は［ウイ＝上］弟は［ツー＝次］。女性の場合はこれに［ミナン＝おみな（女）の］がついて姉妹を表す。

［ナ＝汝（あなた）、［クボー＝首］、［カート＝足（かかと）］、［ペロ＝舌（ベロ）］、［スパー＝歯］、［コウ＝噛む（食う・咬）］、［ミ＝右］、［サ＝左］、［クブウ＝鉢巻き（くびる）］、［ククルー＝ターバン（括《くく》る）、［ソーケー＝そーけー（竹籠類）］、［ギー＝家（沖縄ギー）］、［ウイブ＝背負い籠（沖縄ウイグ）］、［サン日蛇皮線（沖縄サンシン）］、［オモ＝面白い］といった調子である（中国語の入ったものや、アイヌ語も交じっている）。

もうお分かりのように、言語は移動した先の言葉に吸収されてしまうのが普通なのだ。そして時を経れば経るほど変化するものなのである。それが今もこんなに二〇〇〇年を超える昔のままで残っていたのである。その実体はここに書くページ数がないだけのことで、まだまだ大量の共通語がある。そして種子島や朝鮮語との共通語も少なくない。

そしてこのことで、先にお話しした彼らの部族名［ブガイ＝部外］、［スガウ＝菅生］などが、ムチャなコジツケではないことを証明するのである。こうなってくると、もうあなたは彼らが高句麗人と同じ人だったことをご存じだから、その［プォー］部族は中国人が［扶余《プオ》］と当て字した人たちだったことも、疑問にお思いにならないと思う。その人々は高句麗人が自分で、「私たちと百済人は、むかし扶余から分かれた」と言っている本家筋の人々だったのだ。それほどの人々が、たとえ名前だけでも残らないということは、ありえないからである。

◈カリエン語の【倭】と【天照】と【大国主】

そしてこの本の主題でもある『日本の建国史』にとって、もっと重要なことは、彼らが今、白と赤とに大きく分かれていることである。では、それがなぜそんなに重要なのか。

その謎は色の名の発音が解いてくれる。

［白＝ウワイ］　いうまでもなく、これは［倭］。その王は［倭国王］。
［赤＝ウォー］　いうまでもなく、これは［大］。その王は［大国主］。

また彼らの信仰する天の大神は［アーティムウンクン］という。これは［天照＝アーティム］［大の＝ウン］［神＝クン］という当て字関係にある。そしてこの神を祭る神官を［アーティムウンカイ］という。こちらも天照大神と読める。日本で、日の神と、女性神官とが、どちらも天照大神と呼ばれる原因は、このあたりにある。

またこの神の名の［ムウン］は沖縄語なら［物］という意味になる。［君＝クン］は［主］でもあるから［アーティ］を［大津］と当て字すれば［大物主］という神の名も同じものだったと分かる。この神はいうまでもなく［大国主］と同じ神だし、事実、これまで『出雲神話』と呼ばれてきたものも、実はヒミコをめぐる八俣の大蛇などの『日向《ひゅうが》実話』だった。

私たちが、もうとっくに消えて無くなっていると思っていた［倭国王］も［大国主］も、その山深いタイやミヤンマーや雲南の一帯に、いまなお健在で、生き続けていたのである。

そして見逃してはいけないのは［ウワイ＝白］である。それは一部が［白人］だったことを物語っている。彼らは古代中国政府の政策で、二度にわたって江南へ移住させられた。

そのときは白も黒も赤も一緒くたに送りこまれた。一度は先にお話しした王莽のとき、もう一度は隋の煬帝《ようだい》のときである。日本で発達した弥生の稲作技術は、そのとき本格的に江南に根づいたのである。ここでもう一つ日本の古代史にとって重要な答えが見つかる。それは先に王葬時代の中国人が高句麗人を［貊＝ハク］と呼んでいたナゾである。そのときすでに［ウワイ］が高句麗支配者で、漢人たちはそれを［白人］の意味で［ハク］と呼んでいた。その名を漢人は中国風に軽蔑して、獣あつかいにして［貊］という字を使ったのだと分かる。今まで、正解のなかった言葉が、また一つ、はっきりした歴史の真相を明らかにしてみせてくれたのである。

◈カリエンは［カラ人］そして［黒人］

これで白と赤は分かった。では［黒］というのは今、どうなってしまったのか。実は［カリエン］そのものが最初からインド語の［黒人］だったのである。日本語の［クロ］も正確にはインド語の一つだし、韓という当て字の当時の発音［カラ］も、シンドゥの女神で日本で鬼子母神と呼ぶ［カーリー］も、みな［黒］のインド語の方言なのである。

上・山地ミヤンマーの人々　上左・チン人の王族　西部のチン山地に住む。江戸ッ子にもよく似た人がいる。見事な宝貝のタスキは王章。**上右・シャン人の婦人**　戦前はカレンニ州を含むシャン連合州一帯で大人口をもっていた。平安時代の市女笠（いちめがさ）、腰巻姿は戦前の日本人には親近感がある。

下右・カチン人の大家屋　棟の両端にある牛の頭にご注意。妹尾隆彦『カチン族の首かご』（文芸春秋新社）による。**下左・家屋文鏡の神殿**　屋根の型式も、棟の両端の牛の頭をかたどる千木もカチン人のものと同じで、シバ神を信仰するシンドゥ教徒の神殿である。奈良県河合町佐味田・宝塚古墳出土。宮内庁蔵。

だから「カリエン」は宝貝が語源なのではない。それを売る人々の名が商品名になるという古代の原則どおり、それはカウリー、コウリーが先にあって、宝貝の名になった。同じことが「ウワイ」にもみられる。それは英語のホワイト、ドイツ語のヴァイスと同じく、印欧語の語根［Ｗａｉ］が重要な役割を果たしている。だが、「倭＝ウアイ」の語源は白であって、「仏教徒のことではない」のではないかと、私を長く悩ませていた。

だがインド史の解明が進むにつれて、それはインド先住民の色黒のドラビダ（タミル）人によって「白」と呼ばれた人々アーリア人が、釋迦《シャカ》以後、アショカ王とその後継者が仏教を宣布する人々として、黒人と対称的な存在になったために、「白＝ウアイ」が仏教徒をさす言葉として独立し、それが「優婆畏・塞＝ウパイ・ウパサカ」という新語を生みだす語源になったのである。『ヒミコ』でお話しできなかったのでここで誤解のないように、つけ加えておく。

◇山上王・位宮は本来［沖縄の王］

これで倭人と和人の発生と移動が、どれくらい壮大な規模のものだったか、彼らの生活圏がどれくらい広大な地域に広がっていたか……。再確認していただけたと思う。だから第一〇代の高句麗王・山上王位宮も、必ずしも北鮮にだけ住んでいたとは限らない。その広大な倭人・和人生活圏を、必要に応じて飛びまわっていたと表現したほうが分かりやすい。彼が「暴れん坊」だったのは、一つはそうした巨大な集団の要求にもよるのである。

生まれた都で育って死ぬ、並の世襲の王とは違う。遠隔地で生まれ外部からは縁もゆかりもないようにみえる遠い親戚の要望で、新しい王に迎えられるかと思えば、反対に「出来が悪い」といって、見も知らぬ遠い親戚に政権を奪われたりもする。それは世界中どこでも同じだ。

だから高句麗王家でも山上王位宮は本来「沖縄の王」でありながら、魏の公孫氏攻撃に参加したかと思うと、すぐその後では、その魏の領土を荒らしまわったりしたのである。

もちろんそのときは彼は北鮮に君臨していた。それなのに「位宮」という名乗りをもっていた。「イキュウ」というのは「琉球」という国名の朝鮮語訛りなのである。沖縄・南九州では琉球は「リキュウ」と発音する。朝鮮語では「李《リ》」を「イ」と発音するのでも分かるとおり、これは「イキュウ」になる。「位宮」はそれにあてた当て字なのである。

◇「生き馬の目を抜く」暴れん坊

ところが本当は「領土の名乗り」であるこの名について『魏志高句麗伝』は次のような面白いエピソードを特記している。

『伊夷模《イイボ》は子（実子）がなく灌奴部《かんなべ》（の女性）に子供を生ませた。それに位宮と名づけた。その名のいわれは、彼の曾祖父の宮は生まれてすぐ目を開いて見ることができたが、位宮も同じように生まれてすぐ目が見えた。高句麗では「似ている」というのを「位」というので、宮に似ているという意味で「位宮」と名づけたのである』というのである。

しかしそこには「高句麗では、生まれてすぐ目が見えるのは良くないとして嫌う。案の定宮は成人後、凶悪なことをし、しばしば他国に侵入して荒らしたので、結局遼東《りょうとう》太守に負けて国破れ、自分も死ぬことになった」とも書いてある。

私たちには位宮の名は個人名ではなく、琉球という国名の名乗りであることが分かっている。だからこうした特記はコジツケ解説の一つなのである。しかしその主題が「目」であることに注意する必要がある。それは日本に「生き馬の目を抜く」ということわざがあり、いかにも位宮がそれによく合う賢くて野蛮な人物だったからである。そして目の当時の発音は［マ］で、国も［マ］だったから生まれたシャレで、語源は［琉球国＝イキウマ］なのである。

高句麗王・位宮の逃げた先は沖縄以外にない

『高句麗伝』は彼が「力も勇気も人並み優れ、乗馬も弓も狩猟も巧みだ。景初二年（二三八）司馬宣王《しません》が公孫氏を滅ぼしたとき彼も数千人の軍隊をひきいて応援した。しかし四年後の正始三年（二四二）位宮が魏の西安平《あんぺい》を襲って暴れまわったので、正始五年（二四四）魏の幽州刺史《しし》・毋丘倹《カンキユウケン》が歩兵と騎兵あわせて万余で討伐に向かい、位宮は二万の軍勢をひきいて沸流水《ふるすい》で迎え討っていく度も撃退したが、梁口《りようこう》の大会戦に大敗して毋軍《かん》に急追されて高句麗の首都・丸都城《がんと》も落ち、戦死者と捕虜は千単位で数えるほどだった」と伝えている。

そして位宮は逃げて行方不明になる。「このことは『魏志』［列伝］中にある［毋丘倹伝］に詳しく出ている」と書いている。

みるとおり位宮は血の気の多い征服欲の強い性格の持ち主だったのである。では彼は一体、どこへ逃げたのだろうか？　だれでもすぐ気がつくのは、彼が琉球王という名乗りをもっていたことだ。逃げるとしたらそこ以外にはない。彼が位宮という名をもっていたのを『魏志』が記録していて、彼の行方を知らないのだから、彼はそれ以前から琉球王だったのだし、仮にそれが後世の名乗りだったとしても彼はやはり琉球へ行ったことになるから、この推理は確実で絶対にはずれないのである。

◇大問題、謎の［二人・伊支馬《いちま》］？

彼が間違いなく沖縄に逃げたとすると、それは正始五年（二四四）のことだから、ヒミコが死んだ正始八年（二四七）の三年前のことである。そしてヒミコが死んだ後に生まれた新しい邪馬壹《いち》国政権の、筆頭の支配者は［伊支馬］だった。この官名（支配者たちの名乗り）は後で詳しくお話しするが、間違いなく垂仁《すいにん》天皇のものなのである。

だとすれば、ここに大問題がもちあがるのである。それはこの高句麗王・位宮が、やっぱり［伊支馬］と読める名をもっているからなのだ。まず［生き馬］はそのまま［イキマ」だし、位宮も「イキウ」で沖縄語だと「イチウ」、どちらにしても「壱岐王」という名と一致する。

だからこの「王」の字を「国」の字と取り換えると、「壱岐国＝イキマ・イチマ」になるし、位宮は壱岐ももっていたことになる。彼の名はまた「イク」とも読めるので、これに国か目をプラスすると「イクマ」または「イクメ」になるが、これも「活目」「伊久米」という、垂仁天皇の名乗りと完全に同じなのである。これでは簡単に「邪馬臺国王は垂仁天皇」というわけにはいかない。しかし位宮のほうはぴったり同じ時期に、少なくとも沖縄まで帰ってきている。高句麗王のままだったら「まさか…!?」といってすますこともできたのだが、こうなると、この「二人・伊支馬」の問題は、建国史上の大問題なのである。

◎【位宮】も邪馬壹王への当て字

これを解決する一番いいキーは、彼が「山上王」と呼ばれていることである。『三国史記』「高句麗本紀」は「山上陵に葬ったから名づけた」と書いているが、単に山の上にある陵という意味なら、そんな陵はいくらでもあって、わざわざ諡号《しごう》（死後の贈り名）にするほどのことではない。ことに彼は高句麗からみれば『三国志・魏志・高句麗伝』に特筆された歴史上の大物である。彼にそんな「お座なり」な諡号を贈ることはありえない。この「山上」は一見ありきたりにみえるが、実はもっと大きな意味をもっているはずである。

私たちは高句麗の人々がもともと倭人と和人の集団であり、言葉も共通だったことを知っている。だからこの［山上］は漢音でサンジョウと発音するより、日本式に［ヤマ］［カミ］と読むほうが正しいと知っている。では当時［ヤマ］という発音をもつ国があっただろうか？　それは『倭人伝』が記録している［邪馬・邪馬臺・邪馬壹］があるだけである。

また［位宮］はイキウで、沖縄語ではキがチになるから［イチウ＝イチ王］に対する当て字である。また邪馬壹王は［伊支馬＝イチマ＝壹国］という名をもっている。これを総合してみると、［邪馬壹王］は［ヤマイチウ］だから［山位宮］と当て字しても、沖縄語では同じだということになる。これで彼のいろいろな名乗りが実は［ただ一つ］なのだと分かる。

◇位宮は［伊支馬］で［垂仁天皇］

ほかにもまだ、彼が［伊支馬］であり［垂仁天皇］と同一人であるという証拠がある。それは［高句麗本紀］に本名として記録されている名前［延優］である。これをいろいろに読んでみると、その中の一つが垂仁天皇の名に合う。

［優］は［ヤサシイ］という発音をもっている。垂仁天皇の名は［伊佐知］で［イサシリ＝イサシイ］と読める。［弥］の字は古音で［ヤ］と［イヤ］と発音する。少しの差で［優《ヤサシ》］と［伊佐知《イサシ》］といった当て字の違いが生まれるから、これは同じ名前に方言差のある人が当て字したために生まれた他人風の［別名］であったことが突きとめられる。

また、彼が山上王として君臨した鹿児島県には、後世に［頴娃《えい》］と書くようになった［エ］という地方がある。［延優＝エンウー＝エの王］である。

位宮が、のちの邪馬壹王・伊支馬だという根拠はまだある。山上王という漢風謚号である。これは代々の高句麗王が死後、贈られた［贈り名］で、それが葬った場所の地名だったことは、もう先にみてある。だから、その地名に合う場所が、彼が何者だったかを物語る。

今、鹿児島県川内市にある［可愛山上陵］は「エの山上陵」と発音する。［エン］と［山上］と二つが重なって、それが彼の陵だということを、はっきり立証しているのである。

◎邪馬臺大乱は武力クーデター

これで高句麗を逃れた位宮が、ヒミコの死後の邪馬壹《いち》国の筆頭支配者になったことは動かない事実だと分かった。彼は先にみたように［暴れん坊］で、高句麗を捨てて沖縄へ逃れても、じっとしているような人物ではなかった。彼は老衰して余命いくばくもない老ヒミコの、邪馬臺《だい》国政権をねらった。これがあの、正始八年（二四七）の「卑弥呼と狗奴国男王との不和」の真相だったのである。ヒミコは使いを帯方郡に派遣して、戦争状態になっていることを訴えた。

郡は塞曹掾史《サクソウエンシ》の張政らを送りこんできたが老ヒミコは死んだ。そして位宮の前にヒミコ一族の男王が王を名乗ったが、位宮は納得せず、攻撃し続けて千余人の戦死者がでた。

そのときの位宮の口実は、男王では［ヒミコ］の後継者にふさわしくないというものだ

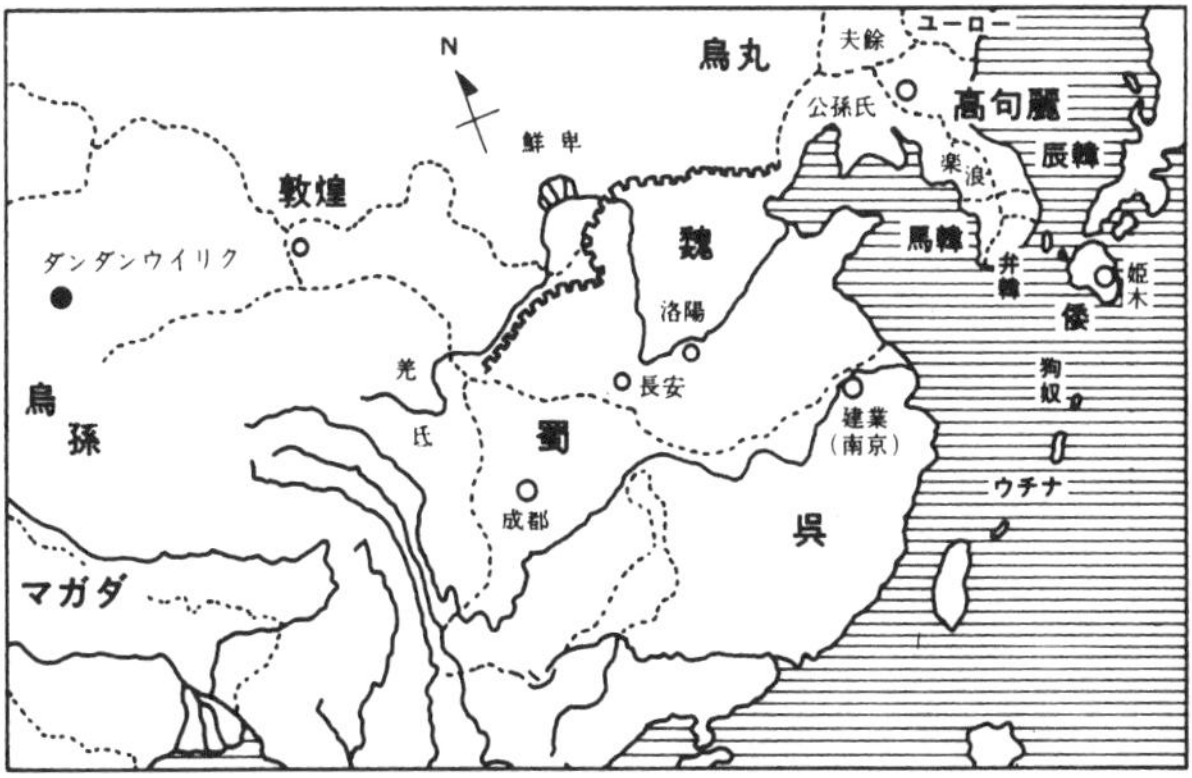

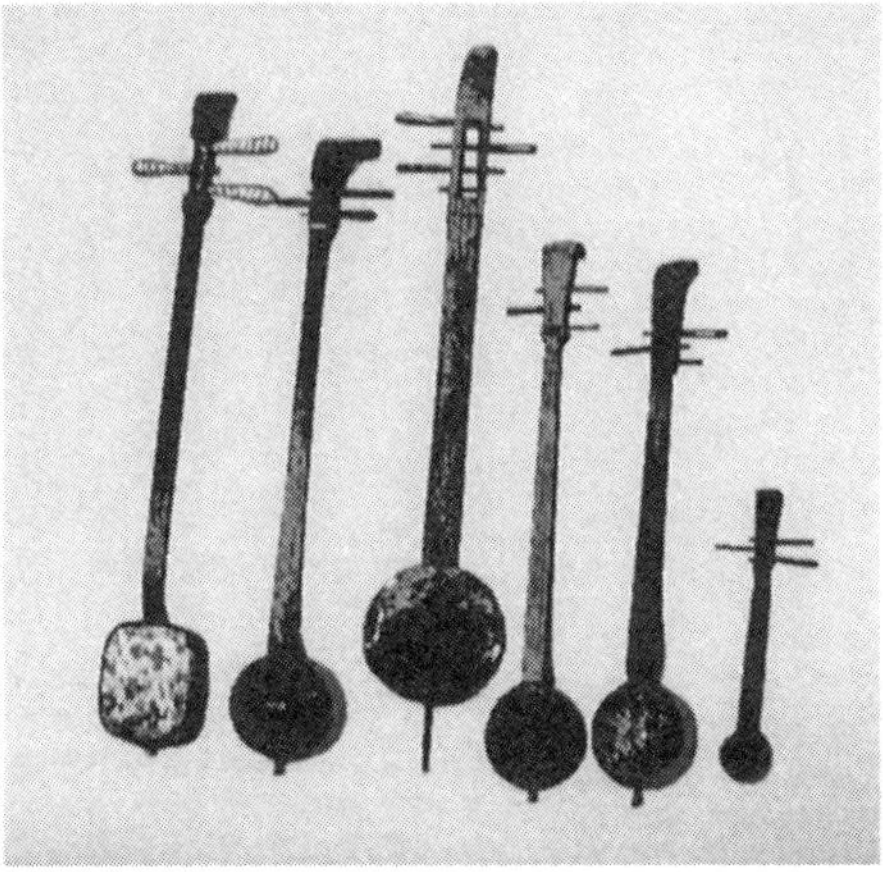

吟遊詩人たちの文明圏　倭人と和人の特徴はすべての集団が、弦を爪弾く楽器［三味線の仲間］をもった人々だったことである。彼らはそれに合わせて心の中を歌い、また歴史を物語った。この吟遊詩人たちのいた地域が、倭人と和人の文明圏だったのである。左から、台湾の三弦。リス人のスブー。カリエン人のサン。アカ人のジョカジョカ２つ。同ドンディユー。

ったとわかる。それは壹與《いちょ》女王が立てられて、それで位宮の［伊支馬］政権が生まれたからである。

女系家長制の和人《カリエン》国王たちの精神的弱点と、彼の魏軍との戦いの猛烈だったこと、ヒミコ軍との戦いにおける情け容赦のない武力行使、それにあとでお話しするような、邪馬臺《だい》国首脳の内部事情を、彼はうまく利用して多くの国王たちを味方に引きいれた。その結果彼の武力クーデターは成功した。政権は狗奴国男王［卑弥弓呼素《ひみかんこそ》＝位宮］の手に落ちた。これが新しい［邪馬壹《いち》国］の誕生である。位宮は確かに［生き馬の目を抜く］ような男だったのである。

◇高度の文明人だった倭人と和人

こうして、当時のあらゆる名詞をみていくと、それらは単純な使われ方ではなく、複雑に入りくんで、多くの意味をもっていたことがお分かりいただけたと思う。

漢字にしても、それは単純に［発音記号］として使われていただけではなく、その読み方も漢音で読んでも、日本語読みしても、やはり立派に通用する意味をもたせてあった。

だから、それらを本当に理解しようと思えば、一つだけ謎が解けて安心していては、結局、五里霧中から抜けだせない。過去の「邪馬台論争」が、いつまでたっても結論も決定打も出なかったのは当然だったのである。

これは何を意味しているのだろう？　それは当時の人々が原始的な人々だったのではなく、成熟した、完成した文化をもった人々だったことを物語っている。そしてその用語も欧亜にまたがる語彙《ごい》をもち、その内容は、現代の政治経済とほとんど変わらないほどの高度に発達した組織とテクニックを駆使していた。ただ機械力の利用度が低かっただけだ。

そしてその任務とした精神文化面では、むしろ今日のほうが、退化してしまった人を多くみる。少なくとも当時の人々は、はっきりした使命感によって結ばれていた。また文芸作品でも見事なものを残している。次はそれをみてみよう。

第7章

意外な
神武東征の出発点

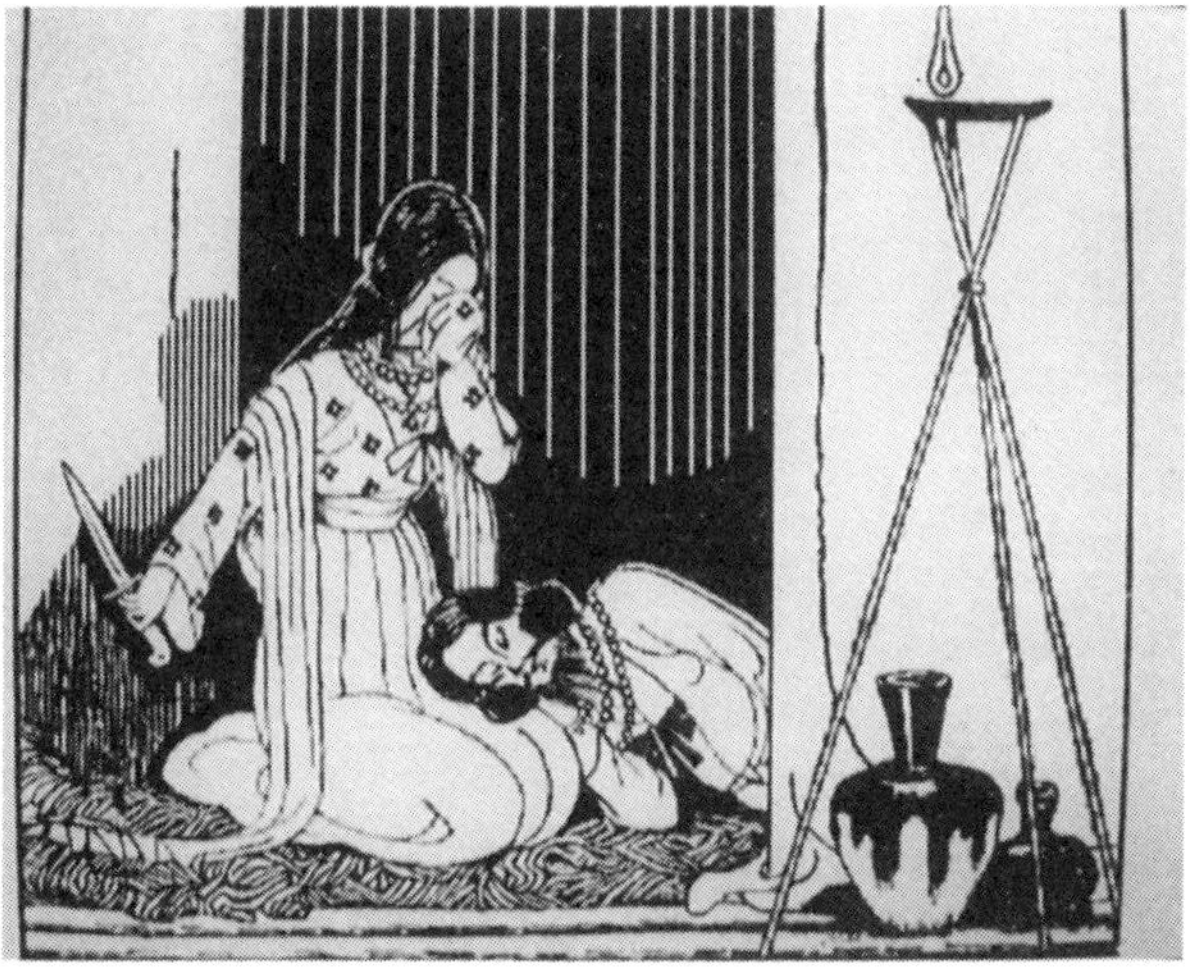

狭穂姫の涙　深沢省三画、菊地寛『日本建国童話集』(文藝春秋社) の挿絵

◇日本最古の大ロマン『狭穂《さほ》の疾雨《はやさめ》』

文壇の大御所と呼ばれた菊地寛が『文藝春秋』を創刊した同じ日に私は生まれた。父はその縁から、同社の『小学生全集』を買ってくれた。それは以後私の愛読書になり、中学生時代に買ったH・G・ウエルズの『生命の科学』とともに、私の人間形成に大きな役割を果たした。

その菊地寛が『小学生全集』に書いた「日本建国童話集」というのがある。その中に、これからお話しする垂仁天皇と皇后サホヒメの悲しい物語があった。それがなぜか幼い私の心に焼きついた。まさかそれが［邪馬臺戦争］の序曲であり、［神武東征］の発端であったなどとは思いもしなかったが、それは、それを書いた文豪も、これからお読みになるあなたも同じだと思う。しかしそれは子供でも胸うたれるほどの、美しくも悲しい、こんな物語である。

お話は、今から一七五〇年前。ヒミコが大邪馬臺に君臨して、魏の皇帝と贈り物を交換しあっていた、まだ平隠なころから始まる。原文の薫りを大切にして要約してみよう。

『天皇にはサホヒメと申す、美しい、そしておやさしい、おきさきがございました。

サホヒメにはサホヒコという一人の兄さんがありました。

サホヒコは、日ごろから、この日本の国をとって自分一人で治めてやろう、とよくないお考えを持っていらっしゃいました。

ある日のこと、サホヒコは、お妹のサホヒメをお呼びになって、

「お前は、お前の夫とこの兄さんとどちらが大切に思うか」とおたずねになりました。もとよりサホヒメは、世界中のだれよりも、天皇を大切におぼしめしていらっしゃったので、

「天皇が一番大切だと思います」とお答えになるところでしたが、乱暴な兄さんがしきりに、おたずねになりますから、お気だてのやさしいかたでもあり、つい、

「兄さんが大切だと思います」と、お答えになりました。するとサホヒコは、

「お前がほんとに兄さんを大切だと思っているのなら、お前とこの兄さんと二人で日本の国を治めようと思うがどうだ」とおっしゃいまして、八塩折（やしおおり）の紐小刀という一ふりの劒を取りだすと、

「この劒で天皇がおやすみになっているところを、ただ一と突きに殺してくれ。そうして二人で国を治めよう」と、言ってサホヒメに、お渡しになりました。

天皇は、そんな恐ろしいたくらみがあるとは少しもお気づきになりません。いろいろとお物語のあったのち、お疲れがでて、ねむくお思いになりましたので、横におなりになると、サホヒメのお膝を枕にして、そのままやすやすとおやすみになりました。

あたりには、だれ一人おりません。サホヒメは紐小刀のさやを抜きはなすと、いきなりお休みになっている天皇のお首のあたりに突き立てようとなさいました。けれども、まるで幼な皇子のように無心におやすみになっていらっしゃる、天皇のお顔をご覧になると、どうしても手をお下しになることができませんでした。

これではならない、とサホヒメはいく度か劒を取りなおしてはごらんになりました。しかしそれがどうして振りおろせましょう。ついにサホヒメは劒を投げだすと、忍び泣きに、泣いておしまいになりました。すると、ヒメの涙が天皇のお顔に流れ落ちましたので、天皇はハッとお目ざめになると、

「わしは不思議な夢を見た。お前の郷里のサホのほうから、にわかに嵐が襲ってきたかと思うと、いきなり私の顔を濡らしてしまった。そして錦の色をした小さな蛇が現れて、私の首に巻きついた夢であった。一体、なんの知らせであろうか」とおたずねになりました。

もうどうすることもできません。サホヒメはすべてを申しあげたほうがいいとお考えにな

って、「恐れおおいことですが…兄が……」とありのままをお話しになりました。

天皇はそれを聞いて大変お驚きになり、大勢の兵士をさしむけて、サホヒコを征伐なさろうとなさいました。ところが、早くもこれをお聞きになったサホヒコは、稲城という所に、堅固な城を築いて、それに立て籠っておしまいになりました。

お気弱でいらっしゃる上に、おやさしくていらっしゃったサホヒメは、お兄さんのサホヒコのことが心配で心配でたまりません。そっと宮を抜けて稲城の城へおいでになってしまいました。

◈ホムチワケ皇子の誕生

そのとき、サホヒメはちょうど、天皇の御子がお産まれになるばかりのお体だったのでした。天皇は皇后のお身をひとかたならずご心配なさいまして、城を攻めることをおやめになり、兵を留めてお置きになりました。間もなく、玉のような皇子がお生まれになりました。そこで、皇后はその皇子を城門の外までお連れして、

「もしこの皇子を天皇の御子と、おぼしめすならばお渡し申しあげましょう」と申しあげ

させられました。もとより天皇は、兄のサホヒコをお憎みになってはいますが、皇后は三年の間、お仲むつまじくおすごしになりましたので、今でも少しも悪くお思いにならないばかりか、もしお帰りになるお心があったら、以前に増していつくしもうとおぼしめされ、大勢の兵士の中から、すばしこく、そして力のすぐれたものをお選びになり、

「御子を受け取ると同時に皇后も連れてこい」とご命令になりました。

すると皇后のほうでも天皇の御心をお気付きになり、緑の黒髪を惜しげもなくお剃りになって、その毛をカツラにし、手に巻く玉の紐と御着物を酒にひたしてぼろぼろにしてお召しになって御子を抱いて、城門の外にお出になりました。御子を受け取りにいった兵士は、御子と同時に、皇后もお連れ申そうとしましたが、どこを持ってもみなだめでお連れできませんでした。

天皇は報告を聞かれてがっかりなさいました。お使いの人をつかわして、

「子供の名は母がつけるが、この皇子は何とつけたものであろう」とおきかせになりました。

「御子はちょうど稲城の焼けるときに、火の中でお生まれになったので、ホムチワケノミコと申しあげましょう」と皇后はお答えになりました。

「しかしこの皇子を、どうして育てればいいのか」

「丹波の国のヒコタタス・ミチノウシ王と申すかたの姫に、兄《え》ヒメ、弟《おと》ヒメと申すかたがいらっしゃいます。そのかたがいいと思います」

天皇はいろいろ手をつくしてごらんになりましたが、皇后のご決心はかたくてお帰りにはなりません。天皇もいたしかたなく、城をお攻めになりました。城は見るまに一面、火の海になってしまいました。サホヒコは城を捨てて逃げようとなさいましたけれども、ついに捕らえられて、斬られておしまいになりました。それをご覧になったサホヒメは、そのまま燃えあがる火の中へ飛びこんでおしまいになりました。』

これが菊地寛訳の『古事記』の中にある物語の要約である。細かい部分が多少違っているが、同じ話は『日本書紀』にもある。これが邪馬臺戦争や神武東征と関係があるのである。一体、どうしてだろう？　そのわけは垂仁天皇の［イクメイリヒコイサチ（伊久米伊理毘古伊佐知・活目入彦五十狭茅）］という、当て字で書かれた名前にある。

◈邪馬壹国の官名は垂仁天皇一族

どうしてかというと、この［伊久米・活目］はどちらも、『魏志倭人伝』の邪馬壹国の最高指導者の名乗り［伊支馬］と同じ発音をもっているからである。それだけではなく、邪馬壹国の四つの官名（支配者の名乗り）は全部、次のように、この天皇の一族名と一致する。

［伊支馬］　イキマ　活目・伊久米　垂仁天皇自身
［弥馬升］　ミマジョウ　御間城　御間城姫＝垂仁天皇の母
　　　　　ビバス　日葉酢　日葉酢姫＝垂仁天皇の皇后＝兄ヒメ
［弥馬獲支］　ミマカキ　御間城　御間城姫＝垂仁天皇の母
　　　　　メマクワシ　眼々妙　遠津年魚眼々妙媛＝垂仁天皇の妃　＝弟ヒメ
［奴佳鞮］　ヌハダイ　沼羽田入　沼羽田入比売＝垂仁天皇の妃　＝弟ヒメ

ただ、この読み方は、三世紀のものではなくて、『日本書紀』や『古事記』が書かれた時代のものである。この問題は詳しく研究してあるが、この小さい本ではとても書ききれないので、結論だけいうと、下の当て字は『日本書紀』と『古事記』の編集者が、『魏志倭人伝』の文字または、物語の中に出てくる名前の発音に、自分たちが知っている文字を当てて、各人の解釈で［当て字］をしたために、発音も字もマチマチなのである。

◈［狭穂］の［狭］はアイヌ語のタンネ

これでみるとサホヒメの名はどこにもなく、兄ヒメ、弟ヒメの名があるので、サホヒメ事件以後の名簿だと分かる。［伊支馬＝垂仁天皇］が邪馬壹国政権を樹立したあとだから、これは隼人朝廷である。では彼はどこから、そこへ攻めこんだのだろう？　それは［サボ］という地名がどこのことか分かればいい。

これまでは、これは奈良の佐保町のことだと思いこんでいる学者ばかりだったが、あなたにはもう、奈良などではないことが、はっきりお分かりである。『書紀』にはサホは［狭穂］と当て字してある。この［狭］の字は神武天皇の名乗りの一つにも［狭野］というのがあるので、一字で一つの地名を示しているとみるのが正しい。

これまでに分かっていることは、ヒミコと戦った狗奴国は隼人町の南の島々の国だったことである。だがそこには［サ］の島などない。その代わりに［狭い］という名をもつ島がある。それは種子島である。この島の名は古代に縄文土器を残した先住民のアイヌの人たちの言葉では［狭い＝タンネ］の島なのである。それはいかにもこの島の特徴をうまく表現している。

このタンには種子のほかに（丹・但・旦）なども当て字される。神武天皇の名乗りもそこが領地だから［タンネ＝狭］のミコト＝［狭野命］と当て字されていたのである。

◈ 垂仁天皇＝位宮の強力な証拠

では［穂］はどこをさしているのだろう？　種子島には南種子町に豊玉姫を祭る宝満《ほうまん》神社と、姫の伝説のある宝満の池とがある。この［豊］と［宝］はどちらも［ホ］の音の当て字に使われるから［豊玉＝ホ都マ］［宝満＝ホマぬ］でどちらも［ホ国］への当て字である。このホは［穂］と書いても同じだから［狭穂］とは［種子のホの国］という意味だったことが分かる。

この［宝］は［タカラ＝高国］で［コマ・クマ］とも呼ばれていたその辺り一体の島々

の国、［高ヌ国＝狗奴国］への当て字だということはすぐ分かる。だから［サホヒメの悲劇］の舞台はその種子島であり、『倭人伝』が書く［狗奴国］での出来事だったのだ。これで『記・紀』も『倭人伝』も、その記事は正確で、少しもウソがないことが分かる。

同じ名をもった［二人の伊支馬］は、どちらも［狗奴国男王］だったのだ！　全く同じ名をもった人物が、全く同じ時期に、全く同じ土地の王であるとすれば。それは同じ人間が、別の人間のように見えていただけだということである。これで［謎の二人の伊支馬］垂仁天皇と位宮は、ここでも間違いなく同一人物だと立証された。敗戦で行方不明になっていた高句麗王・位宮は、やはり生きていて予測どおり南の故郷へ戻っていたのである。『さほのはやさめ』は、こうした事実を明確に私たちに確認させてくれる貴重な『記録』だったのだ。

◇『古事記』が主張する［建国者］

この島はイザナキ、イザナミのミコトが「国生み」のとき、いちばん最初に生んだ島である。『古事記』にはその名を［淡道穂狭別島《あわじほさべつ》］と書いてある。これは淡路と同じく道も路も［ジ］への当て字で、子を［ジ］と発音したもの。別は［日子、彦］を沖縄読みで［ビチ］と読んだものへの当て字。だから［種子の宝の国の種子彦の島］ということなのだ。

過去の学者らのように、この［淡道］をすぐ兵庫県の淡路島だと思いこむのは、後世に移動した人々が名づけた名との数百年の時代差に、全然、気がつかないためである。

だがここで大問題なのは、なぜこの島が［最初に生まれた］ことになっているのか？という謎である。それは、垂仁天皇の二代目の皇后たちが、サホヒメの推薦した兄姫と弟姫であることで解ける。彼女たちの父は［旦波比古《たんばひこ》・多多須・美智能宇斯之王］。この後半の名乗りは［ミチヌウシン王］と読める。これは『古事記』の冒頭にいちばん最初に出てくる神［天・御中主神＝天・ミチュユウヌシシン］と、同じ名に対する当て字なのである。このあとの神名は『ヒミコ』で説明したが、シンドゥ教の大神［ビシュヌウまたはビチュヌウ］に対する当て字なのだ。彼女らの父は、シンドゥ教徒の大王だったことが分かる。『古事記』はこの神とこの大王こそ最初の建国者だ、と主張することも作家（編集者）の重要な目的だったのだといっていい。

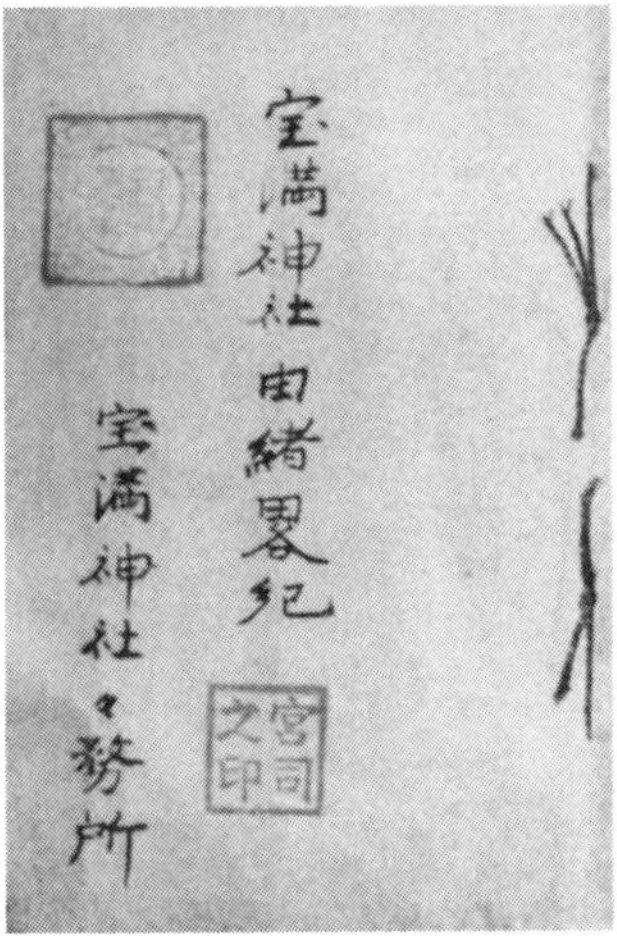

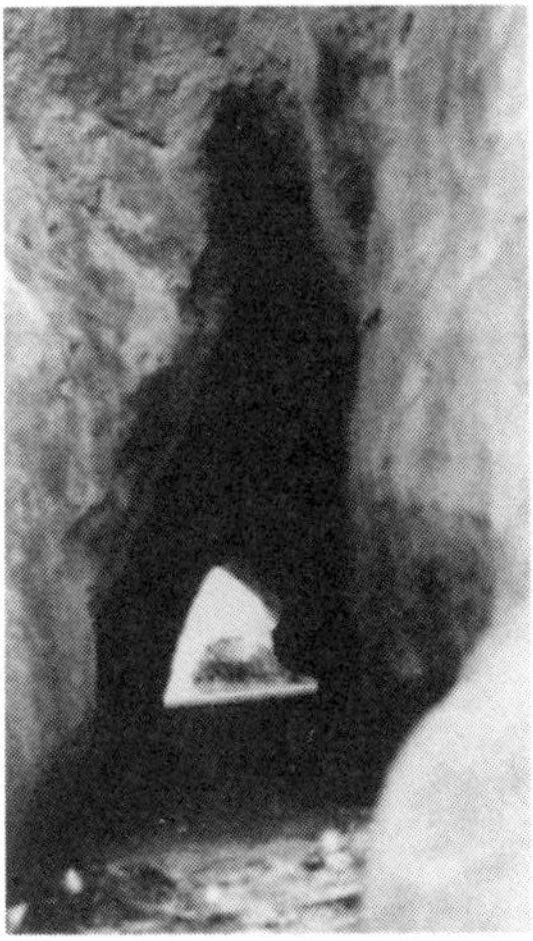

上・豊玉姫陵　宝満《ほうまん》神社の境内から見ると鳥居の正面に御陵がある。その田では日本最古の［赤米］が今も作られている。また釜の蒸気の鳴る音で神意を占う神事もここがルーツで、卑弥呼の『鬼道』がギリシャ起源であることを物語っている。
下左・『宝満神社由緒略記』　下右・神秘な［千倉《ちくら》の岩屋］　スサノオが高天が原を追放されたとき、罰にこの岩屋の置き戸を背負わされたという。広田遺跡と共に南種子町にある。

◎ヤマ教の大王家に入り婿した位宮

これは重要なことなので、もう少し詳しくお話ししておこう。当時はまだシンドゥ教という宗教があったわけではなく、ブラフマン（梵）という至上の真理が宇宙万物を生み、われわれを支配するという思想のもので、それから次第に多くの教派が分かれたのである。その一つが「ビチュヌー神」を崇拝するビチュヌー派で、「日波の美智能宇斯《びちのうし》之王」はその派の大王だったとみてよい。大王とは政治家ではなく「導師《どうし》」のことなのである。

その聖典「ウパニシャッド」の一つによれば「タンバ＝ｔａｎｖａｓ」というのは、梵そのものが姿を現したもので至上で不死のものをいうのだという。そしてビチュヌー神は「サッツバ・ムサ」と呼ばれる。これは耳で聞くと「薩摩・武者」と聞こえる。

またその宗教用語では「ギリシャ」というのは「山の神」のことなのである。「伊支馬」が君臨した「邪馬壹国」が「ヤマイチ」と発音が変わったのは、この「山」と、シバ神の別名の「ヤマ」とが複合して働いて、連邦（イチマ）の新しい名として、「ヤマ」が冠されたものとみると「ヤマイチ・マ」がよく理解できる。位宮はその大王の三人の娘を嫁にした。というより［婿入り］したのである。だから彼の新しい名乗りには［活目・入彦・五十狭茅］と・［入り婿］を意味する［入り日子］が付いているのだということになる。

◇謎の一大率とは［天皇］のこと

『倭人伝』の中でも連邦の属国に恐れられている［一大率］とは、何を意味するのか？まだ明確に解いたものがない。私は『ヒミコ』でそれが［到着点・伊都国を管理する］仕事をもつ［到る宿（シュク＝到津＝いとうず、板宿］などの語源であることを挙げた。

今、垂仁天皇が［入り婿］だったことが明らかになってみると、その［一大率］の謎は、さらに明確になる。『ヒミコ』では脇道へそれる問題だったが、ここでは天皇は主人公である。はっきりした答えをご覧にいれておこう。［活目入彦・五十狭茅《いさち》ヌ天皇］の後半である。

この名はすぐあとでお話しするヒミコの別名、倭迹迹日百襲姫の弟［彦五十狭芹《いさきん》彦］と同じ名で、その人は『倭人伝』に男弟と書いてある人物である。垂仁天皇は政権を取ったあと［伊支馬］として壹與女王とともに君臨したのだから、天皇の名乗りは当然、前任者の男弟と同じになる。ただ一字異なる［芹《きん》］と［茅《ち》］の文字は、［キン］は沖縄語の［チヌ］で発音の地域差である。

［五十狭芹］は［イッサンキン＝戦さの君］で軍事権の掌握者、インド伝来の四姓では神官に次ぐ帝王の位［クシャトリア］である。天皇はそれに対する日本式当て字なのだ。しかし、そう読まれたのは後世のことで当時は大隅式に［五十狭茅＝イテゥシュッ］と発音されていた。だから帯方郡使はそれを［一大率］と書いたが、それは［天皇］のことだったのである。

◇［弥馬升］とは、実は［ヒミコ］の系譜

垂仁天皇は入り婿だったため、その父とされる崇神天皇の系譜は混乱している。しかしもう、紙数がないから、もっと重要な官名を［弥馬升］から順に謎解きしていこう。

弥馬升に合う名の持ち主は、先にみた母の御間城姫（御真津比売《みまづひめ》）と皇后・日葉酢姫のほかに孝霊天皇の皇女・倭迹迹日百襲姫と、孝昭天皇の名の観松彦《みまつひこ》と崇神天皇の御間城入彦がある。

しかしその人たちはすでに過去の人なのでここでは用はない。しかし倭迹迹日百襲《うわいつつびばす》姫の日百襲と弥馬升を比べてみると、日と弥はともにビ、百と馬はともにバ、襲と升はともにスという一致点をもっている。日葉酢もまた日はビ、葉と馬はともにバ、酢と升はともにスで、やはり同じ発音をもっている。ただ当て字が違うだけである。

これでみると、弥馬升の名も代々世襲だったことが分かる。［崇神紀］を見ると、倭迹迹日百襲姫は崇神天皇と一緒に登場する。だから日百襲姫が死んだ跡を御間城姫、さらにその跡を日葉酢姫が継いだのである。ところが日百襲姫は第七代の孝霊天皇の皇女で、崇神天皇の時代まで生きたとすると、大変な長命だったことになる。すると彼女はほかの特徴とともに［長寿］という点でも卑弥呼に非常によく似ている。弥馬升と卑弥呼は、『倭人伝』では明らかに区別されているが、日百襲姫と卑弥呼の名には何か共通点がないか考えてみよう。

卑弥呼は間違いなく倭迹迹日百襲《いととひほそ》姫

日百襲と日葉酢は、ビバスという発音で一致した。これと卑弥呼という名を比べてみると、日と卑はどちらもヒで一致する。次の百は［ビャッ］という南九州方言なら［弥《ビ》］に合う。残る襲と酢も呼と合うだろうか？

呼は従来コと発音されているが、カールグレンの上古音ではグォである。このコとグォの関係は、子をコと発音する標準語とグァと発音する沖縄語との関係に一致する。襲と酢は［ス］でコとは合わないが、子の字はスの音をもっている。「椅子《イス》・扇子《センス》」などがそれだ。整理してみると「日馬子」と当て字するとヒバスともヒメコとも読める。日百襲姫という名は卑弥呼と当て字された名と、元は同じ名だったはずである。

だとすれば卑弥呼と弥馬升は同じ名だということになる。『倭人伝』という一文献の中で、同じ一つの名がいくつもの当て字をもつのは、『倭人伝』が複数の記録の寄せ集めであり、また倭人たちがいくつもの言語をもった人たちだったためだと考えなければならない。

だから卑弥呼の記事は彼女の生存当時のもので、弥馬升は後の別の政権に変わってからの記録である。卑弥呼は『ヒミコ』で、天照大神とも同じ存在であることがはっきり確かめられた。これでなぜいく代もの天照大神がいたのかという謎が解けた。

◇奇妙に入りくんだ弥馬獲支の謎解き

次の官名の弥馬獲支はメマクワシと読んだものに、崇神妃の遠津年魚眼々妙媛《とおつあゆめまくわしひめ》（紀）が合い、ミバカシと読んだものに景行天皇妃の美波迦斯比売《みばかしひめ》（記）・御刀媛《みばかしひめ》（紀）が合う。眼は古語でマの発音もあるから、眼々と書いてメマと読ませる。『記・紀・万葉』時代にはやった洒落た言葉遊びの一つである。また沖縄方言なら眼をミと発音するから、ミマとなり一層、弥馬によく合う。妙または微（記）はクワシと読む。また刀の古い名はハカシ・ハカセで、御（ミ）がついて濁音のバになり、ミバカシになるのである。

垂仁妃《ひ》にも、ちょっと分かりにくいが該当者がある。分かりにくいのは何人もに分裂してしまっているからである。「垂仁天皇記」では［円野、阿邪美、歌凝］という三人の妃としているが、崇神妃を隣に並べるとこうなる。［遠津、年魚眼、妙　］

この謎解きをしてみると、円と遠はどちらもエン。野と津はどちらも助詞のノとツ。阿邪美と年魚眼はアヤミとアユミ。歌凝はカキで獲支と同音。妙も獲支に対する当て字で一致する。遠津年魚眼々妙媛と円野阿邪美歌凝比売とは、同じ官名だったのである。

ついでにいうと、この円野を『日本書紀』は円をマドカと読み誤って真砥野と当て字している。これからは正しい復元は不可能で、ここでは『古事記』のほうが正しい。

◇奴佳鞮《ぬかだ》と長谷と百襲姫と百済

奴佳鞮には『記・紀』の編集者は、いろいろな当て字をしている。［安寧天皇紀］に［渟名底仲媛＝ヌナテイ］があり、また城（キ）を沖縄方言のテイに当てたものは［孝昭天皇紀］に［渟名城津媛］。［崇神紀］に渟中城入媛。［景行紀］に渟名城入媛がある。テイは鞮を堤や提の字のテイと同じ発音だとみたのである。

次に佳の字をハと読んだものがある。カとハの発音が入れ替わることは先にもお話しした常識であるが、［垂仁紀］の渟葉田瓊入媛（紀）＝沼羽田入比売（記）＝ヌハダイリがそれである。

また鞮をタビと読んだものに［神功皇后紀］の額田部＝ヌカタビがある。部はベで、沖縄語ではビだからである。後世、額田姫＝ヌカタビメや、糠手（ヌカタ）のつく名が多出するのも、この官名の後身とみることができる。

次に助詞のガを挟むと、この官名に一致する名がある。垂仁天皇の皇子、沼帯別命も沼ガ帯＝ヌガタイ。神功皇后の息長帯姫という名も、長帯＝ナガタイを含んでいる。これは鹿児島語では［長谷］のことで、これが［ハセ］と読まれることに、重要ななぞ解きが隠されている。それは［ハセ＝初瀬＝ハッセ＝百済］という転訛があることと、南種子町に広大な長谷《はせ》があることと、倭迹迹日百襲姫の名乗りにも、その［百］が入っていることとである。

◇百済とは狗奴国の別名だった

この［百］は名乗りだから国名に決まっているが、この南海には百のつく島も地名もない。一体どこにそんな国があったのだろう？

文字がないとすれば手掛かりは発音しかない。すると［狗奴国］は狗＝ク、奴＝ド、国＝ラで［クドラ］。沖縄語ではOがないから、ドをダと発音すると［クダラ］だ。狗奴国と百済。長谷と百済。どちらも種子島で重なる。そして百は［ホ］。宝も豊も［ホ］。狭穂の穂も［ホ］ですべてがそこに［ホ］という国が実在したことを示している。［ホ］の国というのは狗奴国のことで、それが百済に成長したとしか考えられない。

なぜなら百済は朝鮮半島の西南の隅にあった国だと思われてきたが、『魏志・韓伝』には、その辺りは馬韓であって、百済という名は出てこない。その中に小さな伯済という村か町程度のものがあるのが、ヒョッとすると、それかな?……と思えるだけである。

ところが「倭の五王」の記事で有名な中国の正史『宋書《そう》』になると「倭王・珍」が宋政府に送った手紙に、はっきり「百済」という国名を記入している。これは元嘉二年より後、同二〇年より前だから、四三〇年前後である。それがまだ朝鮮半島の百済だとは決まらないのだから、ヒミコや伊支馬の時代に確実にあった百済「ホ」の国は、「種子島」だけだということになる。

◈「火の中生まれ」も「名替え」も作り話

「ホ」の国が種子島にあったことが確認できると、もう一つ謎が解ける。それは「火」もまた「ホ」という同じ発音をもっているからである。「火の中で生まれたからホムチワケ」と名づけられた皇子があったが、その「火」は必ずしも燃える火のことではなくて、この［ホ］という国名であったと改める必要がある。なぜなら［名乗り］は領土名なのであって、そんな生まれ方などで名づけられるものではない。それはこうした厳重な原則を知らない連中が、無知な想像でコジツケた作り話だと、はっきり分かるからである。

この［ホムチワケ］という名乗りは応神天皇の名乗りと同じものである。それは［名替え］という有名なことで、［イザサワケ＝去来紗別・尊、伊奢沙和気・大神］という名と取り替えてつけた二代目の名乗りだという。それが事実なら、火の中で生まれもしないのに、なぜそんな名をありがたがって替えてもらう必要があるか？　どう考えても理解できない。しかしそれが領土名であれば、その領土を獲得したその時点で、その名乗りは勝利者のものになるのが当然の、ごく常識的な話になる。これもまた無知な想像でコジツケた作り話だと、はっきり分かる。

すると応神領は伊奢（伊佐郡）と［ホ］だということなのだ。それはどう考えても、鹿児島県より外へは出ない。河内王朝の天皇だというのはここでも崩れる。

◎「海幸・山幸」物語の舞台・種子島

種子島は鹿児島県の大隅半島の南、約五〇キロの地点から南に延びる細長い島である。『記・紀』にある「海幸・山幸」物語は有名だが、それは山幸臺の妻が「出産の様子を見るな」と止めたのに、山幸がのぞき見すると、妻は竜（『紀』）、八尋鰐（やひろワニ＝『記』）になっていたという話である。この物語は私が「勝弟・敗兄伝承」という名で分類した中の一つで、この伝承に入る話はすべて、「狗奴国男王の邪馬臺政権争奪事件」から派生したものであることを明らかにしてきた。

だからそれは「たとえ話」であって、実際に出産に当たって「竜」になった女性がいたわけでもなく、またまるっきり仮空のおとぎ話でもなく、古代日向の南の海に「爬虫類《はちゆうるい》」をトーテム（象徴）としたインドのナガ族などの人々がいて、天皇の祖先がその娘と結婚したという話であり、離婚の理由を「のぞき見」と「爬虫類」のせいにしたのにすぎない。

山幸はその島へ割り竹を編んで作った船「目無籠（マナシカタマ）」で行く。だからあまり遠い距離ではない。しかし彼は神武天皇の最古のモデルで、いわゆる「神武東征」に

海神《わたつみ》の宮の山幸彦と豊玉姫　浅野緑耳画　菊地寛『日本建国童話集』（文藝春秋社）の挿絵

当たる勝利をおさめた強力な味方をそこで得た。となるとそんなに小さな島ではない。この条件に合うのは種子島か屋久島《やくしま》しかない。

この二つの島から選ぶとなると、［竜］に関係のあるほうを取る必要がある。屋久島には該当するものは一つもないが、種子島にはいくつもある。［竜］は日本語では［タツ］であるが種子島は隼人町や鹿児島市の東南にある。東南を古代は［辰巳（タツミ）］といった。辰巳は竜と蛇のことである。これは［タツの国＝タツマ］という国名、沖縄方言で［タチマ］と呼ばれることになると、『古事記』が［多遅摩］と書いているのは、まさにその［タチマ］である。

『書紀』はそれを後世の当て字［但馬］に変えてしまった。但馬は兵庫県の一部を占める国だったから、それは今の兵庫県だという錯覚が生まれたのである。

また［但馬］は漢音で［タンバ］である。今、但馬の隣にある［丹波］も元は同じ国だったことを物語っている。さらに［多遅馬］を［タチバ］と読み、そのあとに国を意味する［ナ］がつくと［タチバナ］になることもお分かりだと思う。

◈大化改新の功臣はみな種子島系

その丹波（タンバ）は、後に分割されて丹後国がつくられたが、そこには有名な［浦島太郎］の原話が残っている。その竜宮行きの話も、元は［山幸の海神国行き］である。種子島の人たちと国名と伝説が全部一緒になって［移住］してきたことがよく分かる。

その浦島子の話では事件は丹後で起こったことになっている。伝説も移住すると［故郷を忘れる］のである。もともと幼児相手の［おとぎ話］だから、故郷のことを説明するのは難しい。それに二代目になるともう父の故郷がどんなところか知らない。［おとぎ話］の舞台は結局、日常、親しんでいる現住地の事件として語られる。これが多くのおとぎ話や伝承が、その土地の出来事になっている理由である。

但馬と［橘（タチバナ）］とが同じものだと分かると、そうした名乗りが、ずっと後世まで存在する事実が謎に見えてくる。允恭《いんぎよう》天皇皇女・但馬《たじま》橘《たちばな》の大娘（オオイラツメ）も二つの別名をダブッて書いたものだと分かる。このことには本居宣長も気がついて『古事記伝』で［但馬はすなわち橘だから、誤って重ねて書いたものだ］と解説している。

橘が種子島のことだと分かると天智天皇が、その一〇年の正月に旧三韓人に位を授けたとき、流行したという童謡の意味も、過去の学者の解釈とは変わってくる。「橘は己《おの》が枝々なれれども玉にぬく時、同じ緒をぬく」。「種子島出身者は今では多くの国々に分かれていて、それぞれ独立して、好きなようにやっているが、何か事があると、すぐに一本にまとまって団結し、自分らの同族だけいいようにやる。」

この天智一〇年正月に、位をもらったのは敗戦国・百済の元王族や貴族たちだが、その名がどんな名であるかみてほしい。沙宅紹明（さた・よしあき）。鬼室集斯（きむろ・しゅうじ）。谷那晋首（たにな・すすむ）。木素貴子（きもと・たかし）。憶礼福留（おぐら・ふくろう）。読みがなは多少無理があるとしても、その名が朝鮮式のものでないことは一見しただけで分かると思う。そして世人は天皇も百済人も、同じ「橘」だと言っているのである。橘の名乗りは、天皇にもついている。「橘豊日」は用明天皇で、ほかにも仁徳天皇以後の皇子・皇女に多い。

植物の橘の名もまた、垂仁天皇の命令で、それを常世《とこよ》の国で探し求めてきた「多《タ》遅《ヂ》摩《マ》毛《モ》理《リ》」の名とともに、隠れた歴史の真相を深く秘めているのである。

◇中国の殷・周につながる種子島の歴史

種子島の人々が朝鮮半島まで拡大したのはいつのことであろうか？　この島が［辰巳国］であることと、朝鮮半島の辰巳（東南）を占めた国［辰韓］とは無関係か？　それから順を追って考えていこう。

種子島と、相対している大隅半島も、邪馬臺《だい》国や邪馬壹《いち》国のあった隼人町からみると、やはり辰巳にある。とすれば、古代日本語にはスとツの区別がなかったから［大＝タ］［隅＝スミ＝ツミ］で［タツミ＝辰巳］を意味する当て字だったことになる。

その大隅は［カヤ＝鹿屋］［カラ＝始良］［ヒラ＝日羅］［シラ＝始羅］を生み出し、それが［白日《しらひ》＝福岡］から朝鮮半島の［斯盧《しろ》～新羅《しらぎ》］とつながっている。

その［斯盧国］は『魏志韓伝』の中の『辰韓』の一国の中に確かに実在している。三世紀には、朝鮮半島への拡大移住はすでに終わっていたのである。

そしてさらにそれよりはるか以前に、宝貝通貨によって世界経済を支えていたカリエン人は、遠く高句麗にまで国を広げていた。種子島・南種子町の広田遺跡（弥生時代）から殷・周文化である饕餮《トウテツ》文の流れをくむ文様を彫ったものと、漢字の［山］の字を彫ったものなどの貝殻製装身具が出土して、これまでの私たちの考察が単なる想像ではなかったことを物の面からも、はっきり立証しているのである。

こうみてくると三世紀に南鮮にあった『辰韓』は、［タツガラ＝辰ガ国（ラ）］という日本語への当て字で、種子島の［タツガラ］国の分国でなければならない。その［辰］がやがて［シン］と発音が変った。それを証明するのは新羅時代になると、同じ［シン］という発音の［新］に文字が変えられたことである。辰国（シンラ）が新羅（シンラ）になったのである。

だが、この新羅が中国の正史に初めて登場するのは、ヒミコ時代よりずっと後の『宋書』からで、その時期は宋の太祖の元嘉二年（四二五）。それも［倭の五王］として有名な［珍］の名乗りの中に初めて出てくる。そしてちょうどそのころから朝鮮半島に、日本の古墳の葬制と同じ曲玉と剣を副葬した高塚古墳が造られはじめる。ヒミコの大塚造営から二世紀後なのだ。

【薩摩】を占領した神武天皇

応神天皇でさえ鹿児島の天皇だったのだから、それ以前のヒミコの都が奈良や近畿にあったはずがないのである。隼人の姫木山にいたヒミコを攻めた狗奴国男王・垂仁天皇は間違いなく、種子島でホムチワケ皇子をもうけたかわりに、狭穂姫皇后を失ったのであった。そしてその事件があったことがキッカケで［日波］の大王の婿になった。その当時の天皇の名乗りは、まだタンネのミコト＝（狭野命＝神武天皇の名として記録）＝［狭野国］王だったのである。

ではこの［狭野国］は種子島以外の名乗りには合わないか？　検討してみよう。狭＝サ、野＝助詞の［の］で当時は［津］、国＝マ。［サツマ＝薩摩］になる。薩摩といえば、いうまでもなく鹿児島県の代名詞である。伊支馬は事実、海上の狗奴国から鹿児島に攻めこんでヒミコの政権を倒し、邪馬壹国を樹立したのだから、［サツマのミコト］になったことは間違いない。

だからその名乗りは彼に［ついてきた］のである。そうでなければ［薩摩］は種子島の別名にはなっても、南九州本土へ上陸することはなかった。それが上陸して、現実に今も地名として残っている。それも小さな町村程度の地名ではなくて、江戸時代には薩摩・大隅・日向三国を代表する国名として残っていたのである。だから従来［狭野命］は神武天皇の幼名だ、などと言っていた学者が、どれほどいい加減だったか、よくお分かりになったと思う。

◈行方不明……奈良にない日葉酢媛陵

天皇が取った土地が奈良でなかった証拠は、本が一冊では足りないほどあるが、ここでは今、身近に感じられる日葉酢媛《ひばすひめ》皇后の例を挙げてみよう。

［垂仁紀］三二年の秋七月のところに「皇后がなくなったので御陵を造るに当たって天皇が群臣に、殉死という習慣は良くないから、今度の葬儀はどうしたらいいか？　と尋ねたところ、野見《のみ》の宿祢という人物が、埴輪を発明したので、それを実行すればいいと答えた。これが埴輪の始まりである」といったことが書いてある。

だから日本の古墳史上、この日葉酢媛皇后陵は特筆されるべき歴史的な古墳である。敗死したヒミコの墓でさえ、長さ二一二〇メートルの箸墓古墳（奈良県）がそれだといわれているのだから、戦勝者・垂仁天皇こと神武天皇の最愛の皇后なのだ、さぞかし巨大な古墳が建設され、日葉酢媛皇后陵として歴代の天皇の、さぞ手厚い祭を受けていることだろう…と思うのが常識だと思う。

しかし現実は、そうではない。『古事記』には、その陵は［佐紀の寺間］にあると明記してあるのに『延喜式』［諸陵寮］リストには、この日葉酢媛皇后陵は見当たらない。『延喜式』は、一〇世紀初めに作成された祭政の施行細則書で、各陵の管理と祭の儀式の方法が決められている。しかし名前さえ見当たらないことは、奈良にはないということなのだ。

さまざまな形で記録された［邪馬臺戦争］

あなたはもうお気づきだと思うが、種子島の狭穂姫の話は、母を失う皇子の話で、豊玉姫の話と共通している。豊玉姫は夫の山幸彦と離婚して皇子を［真床覆衾＝マトコオウフスマ］に包んで、渚において帰る。そして妹の玉依姫をつかわして育てさせる。この［真床覆裳］は天皇の即位の儀式に今も生きているし、［真床八幡］は今も種子島にある。

[山幸彦]は[邪馬・狭津《さち》王]で伊支馬＝垂仁天皇である。こう分かると、彼が位宮として高句麗から逃げ帰ったあと、その島にたどりついて、豊玉姫の婿になった経過が、その物語でよく分かる。そして皇子が生まれたあと、彼が狗奴国軍をひきいて隼人に攻めこみ[海幸]をさんざんに打ち破って、臣従させたことも、よく知られたお話である。

それが[邪馬臺戦争]であり、[神武東征]とされたものでもあったことは、もうこれまでの[調査]で、かなりハッキリご理解になっているはずである。こうしたことが過去にはすべて『作り話』だとされてきた。

本当のことをいうと、この事件の[記録]は、まだまだ大量に発見されている。それは次のように[一〇以上]もあるのである。

◈これが[邪馬臺戦争]の一〇記録

1　狭穂姫＋垂仁天皇。　ホムチワケ。　日葉酢媛。

2　豊玉姫＋山幸彦。　ウガヤフキアエズ。　玉依姫。

3　＋日の神。　八幡。　オオヒルメ。

4　木の花サクヤ姫＋ニニギの命。　火の名をもった皇子。
5　天照大神＋高木の神。　ニニギの命。　天《あめ》の鋼女《うずめ》。
6　吾田媛＋武埴安彦。
7　神功皇后＋武内宿祢。　応神天皇。
8　壹與＋狗右制卑狗。
9　壹與＋伊支馬。　弥馬升。
10　吾田吾平津媛＋神武天皇。　媛蹈鞴五十鈴依媛《ひめとびいすずよりひめ》。

こうした話は今は学校で教えないので、ご存じでない部分が多いと思うが、よく見ていただくと共通点がたくさん見つかると思う。それは知れば知るほど一致点がよく分かり、互いに他の不足を補いあって、事件の詳細を教えてくれるのである。それはこれだけでなくおとぎ話にもなっている。

◎「邪馬台国論争」は過去のものに

これで『魏志倭人伝』の問題は、中国の文献だけでは解けず、日本側の記録と組み合せたとき初めて解ける、ということがお分かりいただけたと思う。それはなぜだったか？　中国人が記録したのは、その表面的なニュースにすぎず、その事件や経過や内容を本当に知っている人は、当然、こちら側にしかいなかったからである。こちらには［目撃者］が書いた生々しい記録がドッサリ残っていたのに……。

ところがこれまでの［邪馬台国論争］は、さっぱりそのことに気がつかない人ばかりだった。たとえ『記・紀』と比較してあっても、この本質的な理解は全くみられなかった。だから古い江戸時代の学者と同じことの繰り返しで、「邪馬台国は×××にあった！」と、犯人の元の住所（足どり）を探すことに夢中で、かんじんの犯人がだれなのか？　という［問題の核心］はそっちのけだった。

しかしもうそんな批判も用はなくなった。この本の最後の締めくくりとして、なぜこんなにたくさん、神武天皇や卑弥呼や邪馬臺の記録がありながら、これまでみたように、ほかの天皇の記録としてバラバラになっているのか？　この『記・紀』の大混乱がなぜ起こったのか？　どうすれば本当の真実の歴史に戻せるのか？　といったことをハッキリさせてみよう。

第8章

謎の『日本書紀』と東征の真相

リビアのヤタガラスと神武天皇　アレクサンドロス大王を無事、神殿に導いたカラス。神武東征の記録には、この重要な記憶も残されていた。プルタークが記録した歴史が、日本の建国史解明に大きな役割を果した。その偉大な発見をしたのは在野の新聞記者（当時）だった。

彦火火出見尊の孫・倭国造は天皇自身

以上で［邪馬臺戦争＝神武東征］の真相、その巨大なアウトラインがはっきり見えた。

次は［神武紀］に戻ってその細部で、これまでの結論に食い違いがないか、確かめてみよう。これまでは『倭人伝』と『記・紀』とを照合してきたが、ほかの文献ではどうだろう。『先代旧事本紀《せんだいくじほんぎ》』は、古来、［偽書］だという説の多い本だが、その［巻第一〇、国造本紀］の中に国造一四四を挙げている。そのいちばん最初が「大倭国造」で「橿原朝の御世、椎根津彦を、初めて大倭の国造となす」と書いてある。

これと同じことは『日本書紀』（神武二年二月）にもあるが、そこでは椎根津彦と命名される前の名に逆戻りして「珍彦《うづひこ》を以て倭国造となす」とある。

『先代旧事本紀』のものは『書紀』の引用という人があるが、国名も名前も違っているだけでなく、さらに『記・紀』の書かないことまで書いてある。

天孫（槃余尊と書いてある。＝寛永二一年本）が椎根津彦に、汝はだれかと問われたとき、「吾は皇祖・彦火火出見尊の孫・椎根津彦です」と答えたとある。『記・紀』では神武天皇も彦火火出見尊の孫で、天皇自身も同じ名乗りをもっている。自分の兄弟にこんな間きかたはしない。「最初のヤマト国造」とは「最初のヤマトの天皇」神武その人なのである。

◈日蓮上人が教えた「イワレ」

従来は、神武東征の終着点といえば奈良県に決まっていると思いこんでいた。だが本書でこれまでみてきたところでは、それは奈良ではなく、鹿児島以外のところでは起こらなかった事件だと確認した。ではなぜそんな間違いが起こったのだろう？

『記・紀』が東征の終着点は奈良県だと思わせるのは、実は地名の悪戯《いたずら》なのである。例えば敵の磯城彦《いさきんひこ》は磯城の首長だが、奈良には「磯城《しき》」という郡がある。神武天皇は橿原で即位して「神日本磐余彦火火出見天皇」と号した、と書いてあるが、日本はヤマト、磐余はイワレと読むから「ヤマトのイワレ」で、だれもが「橿原」「磐余」という地名のあった大和（ヤマト＝奈良県）で即位したと思ってしまう。「シキ」「ヤマト」「カシハラ」は全国に同じ地名がたくさんあるが「イワレ」はないから、特にそれがキメ手になったのだ。

しかし数少ないその「イワレ」が昔、三世紀に邪馬壹国のあった場所にあったという記録が現存する。筆者は高名な日蓮上人である。その『御書』に、はっきりと「昔、大隅の高千穂の宮跡に岩があって二つに割れた。するとその中に尊い尊号が現れたから、その地名を『岩割れ（イワレ）』としたと伝える」という意味のことが書いてある。

高千穂の宮は今、姫木山の裾にある［石体《せきたい》神社］がその跡だとされている。私もそれが正しいと思う。それは体の字は今の略字で昔は［體］と書いたが、この字は少し崩すと［禮《れい》＝礼］の字と入れ替わる。だから元は［石禮（イワレ）神社］だったのである。

またそこはのちの大隅一の宮「正八幡宮＝鹿児島神宮」の社地である。八幡は仏教名の大菩薩で呼ばれるし、『倭人伝』にある卑弥呼の「鬼道」も、『ヒミコ』で完全にお分かりいただいたように、初期のアショカ仏教だった。

隼人町のその辺り一帯は間違いなくわが国最初の、仏教の大本山だったのである。とすれば日蓮上人のいう『岩割れ』伝承の発生期は、初めて九州本土へ上陸して、先住民のカリエン人を教化していった卑弥呼の時代のものとするしかない。

では従来、人々が奈良だと思いこんだ『記・紀』の「イワレのいわれ」は、そんなに説得力のあるものだったか？　その「磐余」のほうは、『日本書紀』に、神武東征のとき、大軍が満（イハミイ）たので、片居または片立という地名を「磐余」に変えたという難解な「地名説話」しかない。これでは何のことか分からないから全然、説得力がない。なぜなら地名が変わったのは後世で、占領当時は「片居か片立」だから、「磐余」が天皇の名になるわけがないからだ。

「岩割れ」のほうも、イワレという地名が先にあって、その理由を説明するために考え出された可能性もある。『古事記』には神武天皇はその高千穂の宮で東征を協議したとある。だとすれば「イワレヒコ」は天皇の東征以前の名でなければならない。

◈なぜ隼人町は「ヤマト」ではないのか?

『旧事本記』には「槃余」と書いてあったが、槃は般・搬と同じく「ハン」で、「ハ」の当て字には使えても「イワ」とは読めない。余も「ヨ」で「レ」とは読めない。「ハヨ」は沖縄方言「ハユ」。鹿児島方言の「速う＝ハユ」と同じ。これは「速・隼」と当て字された地名で、現在も、そこにそのまま「隼の人の町＝隼人町」という名で残っている。

　これで、かつて信じられていた「神武天皇の大和東征」は、その信頼の根拠であった「磐余」が逆に証拠になって、奈良県の大和ではなく鹿児島県の「ヤマト」だったことを確定的にした。だがそこに今、全然ヤマト地名がないのはなぜだろう？

その理由を探した結果、この辺りが古代にヤマトと呼ばれた、という証拠が見つかった。

A　第一は邪馬臺国である。それが「ヤマト」と読めるので、「大和だ」「いや山門だ」という論争が長く続いたが、その国はもうよくお分かりのように、疑いもなくその鹿児島県隼人町に、無数の証拠を残して実在していた。

B　しかしなぜ、ヤマトという地名が残っていないのだろう？　全然ないわけではない。近世まで隣接する薩摩郡に「山門院」という地名が残っていた。しかし本体の邪馬臺はどうやら奈良県に移動したとみえて、後世の朝廷の位置が大和と呼ばれるようになった。だとすれば朝廷は二つの邪馬臺を許すはずがない。元のヤマトの名は権力で消されたということになる。

これは決して想像ではない。『続日本紀《しょく》』の和銅六年（七一三）五月二日「諸国の郡郷名に好字をつけよ」という地名変更令が出ている。朝廷の圧力は郡郷名にまで及んだ。今、地名のないことが逆に古代ヤマトの実在を証明している。

C　ところが、こうして調べていくと、その事実を証明するほかの証拠も、大和朝廷の力の及ばないところで、生きたままで残っていた。それは沖縄の人々が今も鹿児島を「ヤマト」と呼ぶことである。

沖縄の言葉で「ヤマツンチュウ」と言えば、それは近年まで「鹿児島人」を指していた。日本全体のことは「ウフ・ヤマツ」と言うのである。

D　もう一つ島に「ヤマト」が残っている。それは奄美（鹿児島県大島郡）の大和村である。ヤマトという地名は、最近の団地造成などでさらに増えて、今どれぐらいあるか知らないが、戦前でも至るところにあった。そして時とともにどんどん増えていくので、調べるのがバカバカしいほどだった。南極の大和雪原もそうだし、戦時中には海外の占領地にまで「ヤマト○○」とつけるのがはやったりしたからである。それでも、この奄美の大和村は、日本列島のヤマト分布の南限である。そこから開始して古い地名をたどっていくと、ヤマトが北上していった跡を、今も日本全国に跡づけることができる。

◎『日本書紀』と『古事記』の仮面

これまでみてきた「神武紀」は一部分でしかないが、それだけでも神武天皇が平定して治めた「ヤマト」は後世の奈良朝のような統一国家としての日本ではなく、神武天皇の本来の姿である［国造・椎根津彦］が治めた、今の鹿児島県の一部にすぎなかったのである。過去の間違った想像は、［後世の大和の地名］を『書紀』が使ってしまったためなのだ。

なぜなら『書紀』は年月日入りで、一見［歴史記録風］に、いかにも古代から時を追って、書き継がれたもののようにみえるが、事実は八世紀に史料を寄せ集めて、つなぎ合わせたものだとはっきり分かっているからだ。だが念のため、そのあたりの事情を正確にみておこう。

『古事記』には有名な［序文］があって「天武天皇の命令で編集が始まった」と書いてあるが『書紀』には序文がなく本文だけで、作った理由も、いつ作ったかも説明抜きである。

その一見［歴史記録風］な体裁からみて、編集者の心理に［後世の作品と分かっては作りものめいて権威がない、古くから書き継がれたと思わせたい。だから序文をはぶき、ほかの一切の説明もはぶいた］という気持ちがみてとれる。その反対に麗々しく［序文］でそれを書き立てている『古事記』はかえっておかしくて、序文を書いた日付の和銅の年月日に権威をもたせようとしたほどの、後世に書かれた「偽書」、作り物という正体を、自分で暴露している。

◈少しずつ書き足していった『日本書紀』

また序文はないが、それと同じ役割のものを、『書紀』は、その天武十年（六八二）三月の部分に、「天武《てんむ》天皇が川島皇子、忍壁皇子ら一二名に命令して、『帝紀』および『上古諸事』を書かせた」という記事がいれてある。次に持統五年（六九一）八月。持統《じとう》天皇が「大三輪《おおみわ》ら一八氏族に、各氏族が伝承してきている「その祖等の纂記《さんき》（祖先の記録）」を提出させた」とあり、『続日本紀』には、和銅七年（七一四）二月、元明天皇が「紀の清人と三宅藤麻呂に国史をまとめるように命令した」などと書いてあるのが、多分『書紀』の編集過程なのだろう、と想像されている。だからそれが、日記のように時を追って古代から書き継いだ、本当の意味の「歴史記録」でないことは明らかだ。

それも第一代神武天皇からではない。最初は「欽明《きんめい》天皇紀」から書きはじめているのである。そして「天武天皇紀」まで書いたあと、少しずつ前へ前へと、書き足していっている。それがどうして分かるかというと、文字の使い方で発音の変化が分かるので、それがいつごろ書かれたか分かるし、本来いちばん最初に書くべき注意書きがあとのほうにあったり、日付の暦《こよみ》が食い違いをみせているので、書かれた順番が逆になっていることが分かるし、『三国史記』と比較してみると、共通の登場人物で正確な年代が分かるので、間違いを知ることができるのである。

系譜に問題がある『日本書紀』

持統天皇が出させた『一八氏の祖等の集めた記＝纂記《さんき》』とは実際はどんなものだったか？　それは『日本書紀』の中に、ばらばらになって吸収されていて、そのままでは原形は分からない。［祖等］という限定詞は古い伝承を意味するから、『書紀』の最初の部分「神代」をみてみよう。そこには［一書曰（いわく＝言う）］と書いて、本文とは別内容の記事が、多いものは九種類も書き添えてある。昔話は時とともに変形するが、一人の話し手が一〇種類もの別の話を語ることはない。これは各氏族の使った話し手が、自分の話が一番正しいと主張した形になっているので、あちこちから別の伝承をたくさん集めたものだと分かる。だとすれば間違いなく、これが一八氏の伝承した『祖等の集めた記《ふみ》』である。

一八氏の祖等の集めた伝承は、おとぎ話のような［神代紀］だけでなく、生ま身の先祖

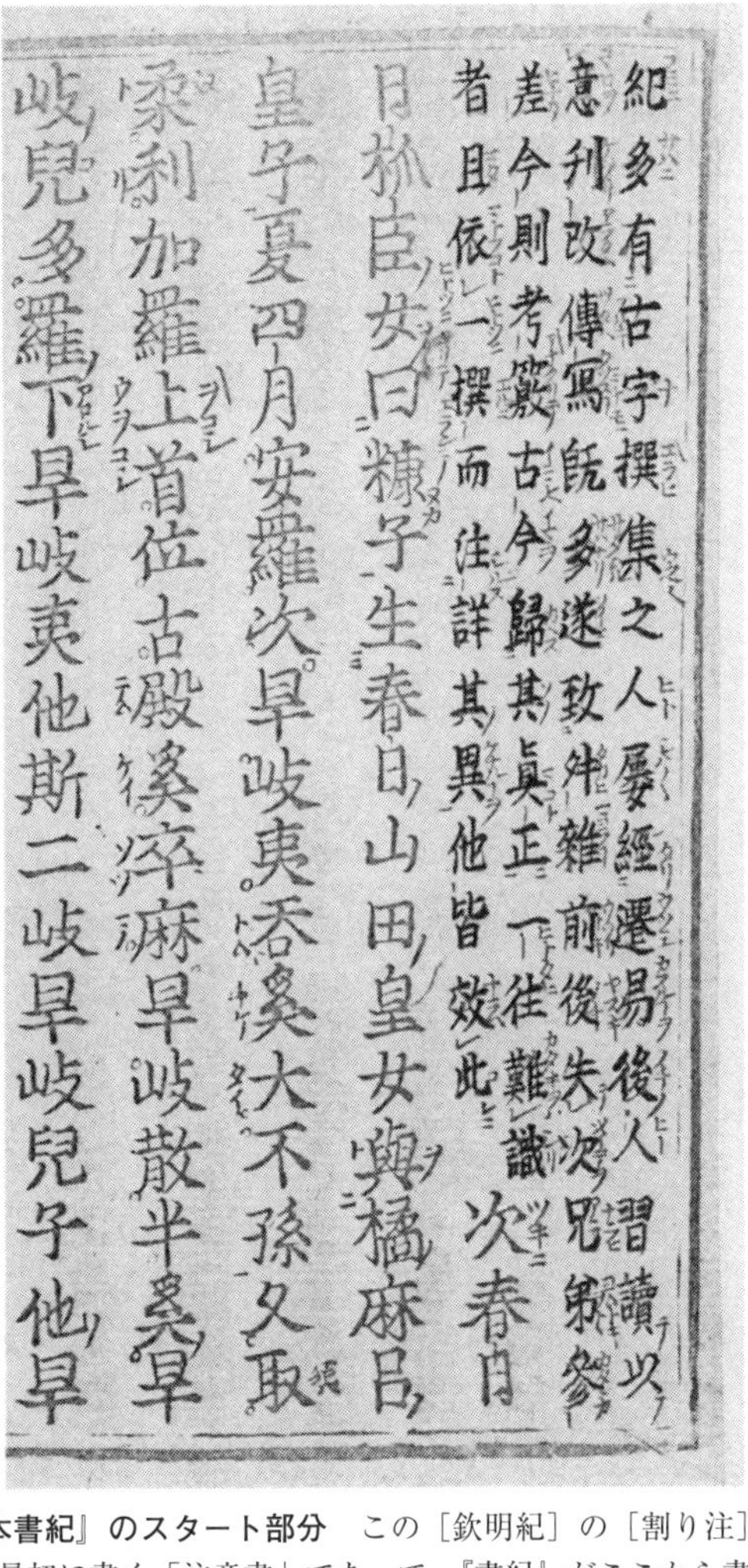
紀多有古字撰集之人屢經遷易後人習讀以
意刊改傳寫既多遂致舛雜前後失次兄弟參
差今則考覈古今歸其眞正一往難識
者且依一撰而注詳其異他皆效此次春日
日抓臣女曰糠子生春日山田皇女與橘麻呂
皇子夏四月安羅次旱岐夷吞奚大不孫久取
柔卿加羅上首位古殿奚卒麻旱岐散半奚旱
岐兒多羅下旱岐夷他斯二岐旱岐兒子他旱

『日本書紀』のスタート部分　この［欽明紀］の［割り注］は、一番最初に書く「注意書」であって、『書紀』がここから書き始められたことを証明している。

たちの記録もあったこと、それもまた各氏族で異なっていたことが、［神武紀］と［崇神紀］を比較してみた私たちにはよく分かっている。ところが［神代記］には九つもあった［一書曰く］が、［神功皇后紀］は例外だがほかの天皇紀にはごくわずかしかない。各氏族が必ずもっていたはずの伝承は、持統天皇らに消されてしまったのであろうか？

実は私たちはもうその答えもよく知っている。［神武紀と崇神紀］とは、ただ一つの同じ事件だったのに、初代と一〇代という、とんでもない離れた時代に引き裂かれていた。各氏族の伝承は［一書］としてではなく、別の独立した［天皇紀］として編集されていたのである。

『日本書紀』は［神代紀］の［一書］や先にみた一〇にも分裂した実例が立証しているとおり、『一八氏纂記』に情報を提供してもらった重要な記録集ではある。

しかし［記録］のつなぎ方がでたらめで、時間帯が滅茶苦茶になっているため、そのままではとうてい［歴史書］とはいえない本である。

そこから［真実の歴史］を引き出すには、この本で神武と崇神との内戦を立証したような、徹底した大規模な整理が必要だということが、お分かりいただけたと思う。

だから従来の学者が無考えに［××天皇のとき］などといっていたのは、でたらめも甚だしいのである。それは『日本書紀』の最後の部分、［未来史］や［現代史］の部分以外は、たとえその直前の［天智紀］でも［大化改新］でも［推古紀］でも、信用できない。ことに従来でもいろいろいわれてきている［聖徳太子］は、はっきり［実在しない］と分かっているのである。

もちろんそれ以外の代々の天皇も不正確である。祖父…父…子というふうにつないでいるが、そのまま信じるわけにはいかないことは、神武天皇と崇神天皇と垂仁天皇とを考えただけでも、はっきり分かる。だから［××天皇のとき］などという人は日本の古代史を正しく理解する能力がないという自己証明なのである。その人に肩書きがあっても、それは能力証明ではない。

◎『日本書紀』は歴史記録か寄せ集めか？

『続日本紀』に養老四年（七二〇）五月二一日、舎人親王らが元正天皇に紀三〇巻、系図一巻の『日本紀』を撰上した、と書いてある。一字少ないし系図一巻もないが、『日本書紀』も三〇巻で、古い本に『日本紀』引用と書いた部分が『日本書紀』の内容と同じであることや、天武一〇年の命令にある『帝紀』と『系図』、『上古諸事』と『紀』三〇巻が同じにみえることなどから、『日本紀』が『日本書紀』だとするのが過去の定説である。

だが［天武紀］の［上古］という二字は見過ごせない。それは過去だけを指す限定詞だから、古い時代だけが対象だからである。ところが今『日本書紀』をみると、天武の次の［持統紀］まであり、天武時代からみれば現代史も未来史も入っている。これは持統紀の［祖等の纂記］の［祖等］でも同じことがいえる。歴史とは書き継がれてきた歴史記録という意味である。

ところが［纂《さん》］は糸をたくさん集めて幅広に編んだ「真田紐《さなだひも》＝打ち紐」のことで、［集める・編む］であって［継ぐ・接ぐ］意味はない。この［纂記］は［集めたフミ］が正しい訳である。それらをいくら寄せ集めても歴史記録にはならない。それなのに［ツギフミ］と誤訳した人間がいたことから錯覚が生まれて、『日本書紀』は記録による真実の歴史書だと多くの人が信じた。だからこれも『日本書紀』には［部分的な記録］以外は入っていないという証拠なのだ。

◇実在している一〇以上の別伝

『書紀』を編集する材料として持統天皇が一八氏に提出させた［その祖等の集めた記］は、一つのことをさまざまな角度から記録したものだったが、『書紀』編者はおのおのの記録を別の事件として独立させてしまった。その原因の一つは各氏族の発音と当て字の違いが、同じ人物を別人のようにみせたことである。［神代記］では本文のほかに最大九つの［一書］がある。少なくとも一〇種類の別伝があったのだから［神武天皇紀］以後も、かなりの［一書］が、独立した人物や別の事件として、編集されてしまっていることは疑いない。すでに私たちは、その実例をいくつか確認したが、念のためその［分裂した名前］を挙げておこう。

①椎根津彦・槁根津日子　②武埴安彦　③菟田《うだ》の穿　④弟猾《おとうかし》　⑤阿太の養鸕部《うかいべ》　⑥磐余彦　⑦狭野尊　⑧若三毛沼命《みけぬ》・豊三毛沼命　⑨山幸彦・彦火火出見尊　⑩神武天皇。このほかに椎根津彦の元の名として［珍彦《うづ》］という名が『日本書紀』の東征の始めと終わりに出てきた。また［神八井耳命］の名も『倭人伝』の［狗右制卑狗］と一致する発音をも

ち、このたくさんな名の本人に一致することもみている。これが［垂仁紀］や［神功紀］を含まない数である。

これで少なくとも一〇以上の別伝があったことがはっきり分かる。本当に真相を極めるには、さらに精密に徹底した解析が必要なのである。

◎「勝弟・敗兄伝承」の分散

［神武東征］は大事件だったから［崇神紀］以外にも記録した氏族があり、『書紀』の中に分散しているはずだ。それはやはり名を復元し事件とともに比較してみると見つかる。

［神武紀］を読んですぐ気づくことは、どの話も兄が天皇に敵対して弟が味方し、兄が負けることである。兄猾（エウカシ）弟猾。兄磯城（エシキ）弟磯城。長髄彦《ながすねひこ》と饒速日《にぎはやひ》の命。

［崇神紀］でも垂仁天皇は兄の豊城《とよき》入彦を越えて天皇になり、［垂仁紀］でも景行天皇が兄の五十《い》瓊敷《にしき》の命を越えて天皇になる。同時代にこんなに［弟が兄に勝つ］という事件が続発することはない。いうまでもなくこれらは各氏族の記録を分散して使ったものである。

ウカシ＝（オカノの大隅発音）＝岡之上天皇（崇神）の略。磯城（イソ之シキ）＝五十瓊敷＝彦五十狭芹彦。饒速日＝ニソカ＝ニシキ＝瓊敷。すべてが方言や言語の違い、当て字の読み違い、省略による変型で根拠のある名であることがお分かりになると思う。

こうした型の記録は「神話」部分にも分散している。有名な「海幸・山幸」伝承で、勝弟の「山幸」の名は彦火火出見尊で神武天皇と同名である。彼は南の島から帰って兄を臣従させる。そして山人「ヤマト」の国（神道国）が生まれ、海人「ハイト＝隼人」（もと仏教徒）が従う。これが「邪馬壱国」と「神武東征」であることは、名と事件の一致で簡単に理解できる。

◎地名説話のいたずらが生んだ【東征】

地名も「一書」を見つけ出す手がかりになる。例えば「神武紀」にある「菟田《ウダ》の穿《ウガチ》」という土地は従来、奈良県宇賀志《ウカシ》村だというのが定説だ。だが「神武紀」をよくみると、兄猾・弟猾の「猾《うかし》」もこの地名に一致するし、吉野で漁をしていた者が阿太の養鸕部（ウカヒ＝鵜飼い＝ヒとシは方言差）の始祖だと名乗った名も同じもので、この村だけが候補地だということにはならない。

この三つは、やはり［一書］と同じく、別の氏族の伝承であり、一八氏の中に沖縄人と鹿児島人とが確実にいたことを立証しているし、編集者たちが、同じものだと見抜けずに、別の人、別の事件としてつないだ。それが大和（奈良県）の地名に合うために、すべて奈良での出来事という錯覚を植えつけたと分かる。では編集者たちは意識して大和に見えるように工作したのだろうか？　この地名の［奈良化］はなぜ起こったか考えてみよう。

それは持統天皇時代の各氏族の伝承にはすでに意味不明の部分があり、それを［自分たちの狭い知識の中で解釈した話＝説話］で修飾していたことを示す。だから当然、居住地の大和の地名と結びつけられた。『書紀』編集者はそれを無批判に［東征］物語の補充に使ったから、何もかもが奈良県での出来事にみえるだけで、決して意識して工作したものではない。

◎崇神天皇はだれだったか？

たとえば［磯城彦］の名は『魏志倭人伝』中の誰を意味するか？『記・紀』では崇神天皇に対する神武側の呼び名なのだが、従来は地名として扱ってきた。しかし本来は地名ではない。［磯］の和訓はイソと発音する。この［ソ］は沖縄語の発音では［ス］または［サ］に変わる。草履は［サバ］というが、これは草（ソー）をサと発音し、履をバキと読んだものをバと縮めたもの。もっとも戦前は草は日本中［サウ］とふりガナしていた。昔は沖縄語と同じくサーと発音した名残である。先に神武天皇の名乗りの一つ［狭野命］が、サツマになることはお話ししたが、［襲の国］も同じものから出た地名なのである。鹿児島県の伊佐郡もイソだ。

だから［磯城彦］は［イサキのヒコ］への当て字である。これが［五十狭芹彦（イッサキんヒコ）］と同じ名乗りだということは、もう説明はいらないと思う。この人物は卑弥呼の男弟、倭迹迹日百襲姫の弟［彦五十狭芹彦の命］であった。『記・紀』がほかの記録で彼を［崇神天皇］としたのは、『倭人伝』が［有　男弟　佐　治国（男の弟がいて国政を補佐している）］と、卑弥呼は宗教上の祭祀、男弟は実際的な政治や軍事を分担していたと記録していることなどで、事実上、天皇だったと確認したことを示している。この名の［五十《いとう》］は［伊都］で、伊都にある［一大率］は［イッサキん］の沖縄発音［イティサチ］への当て字なのである。

◇ヤタガラスの誕生にからむ大発見

ヤタガラス（頭八咫烏）が神武東征物語で重要な役割を果たすのは、よく知られた話だった。しかし現実に鳥類のカラスが、そんな働きをしたと信じるのは幼児だけで、知性人にはそれが説話だと説明する必要はない。だがカラスと名づけられた人物として「賀茂の建角身《たけつぬみ》の命」が各書に挙げられていて、京都に祭られているのは見過ごせない。このなぞを解いてみよう。

『釈《しゃく》日本紀』の巻九に、今は残っていない『山城国風土記』から引用した「可茂《かも》の社《やしろ》。可茂というは、日向の曾の峰に天降りましし神、賀茂の建角身の命、神倭石余比古《かんやまといわれひこ》の御前に立ちまして、大倭の葛木山の峰に宿りまし、そこよりややややに遷りて、山代の国の岡田の賀茂に至りたまひ……」という文章が、この人物の説明ではいちばん詳しいが、カラスは出てこない。

『新撰姓氏録』「山城国神別・鴨県主《あがたぬし》」には「神魂の命」の孫「鴨の建津之身の命」が、カラスに化して神武天皇の道案内をしたので「天の八咫烏」と名づけた、とあり『古語《こご》拾遺《じゅうい》』は「賀茂の県主の遠祖・八咫烏」と書き、『日本書紀』では天照大神が「頭八咫烏を先導者として派遣する」といった夢を神武天皇が見ると、現実にカラスが現れたことになっている。

『古事記』では夢を見たのは「高倉下《タカクラジ》」で、「高木大神の命令で天から遣わす八咫烏の引導に従え」という。だが『記・紀』ともに「賀茂の建角身」という名はない。

なぜこんな説話が生まれたかは、その名前の分析で明らかになる。ちょっとややこしくみえるかも知れないが、一つずつ、ゆっくり考えながら読んでいっていただくと、どんなクイズやパズルよりも、もっと面白くて、知的である。頭が良くなるスポーツといってもいいと思う。

頭＝カミ＝神＝シン＝チヌ。天＝テン＝チヌ。八咫＝ハタ＝秦＝シン＝チヌ。鳥＝カラス＝韓子＝カン子＝神子＝シン・グァ＝チヌガ。賀茂・鴨＝カモ＝カム＝神＝カン＝シン＝チヌ。建＝タケ＝高＝コウ＝神＝チヌ。角＝ツノ＝チヌ。身＝シン＝チヌ。

この「建角身」は「武内大臣＝タケチヌウミ」という名に対する当て字だが、それを別名と錯覚してつなぎ合わせたら「ヤタカラス」になり、もっともらしい説話が作られたのである。

◇『書紀』から真相を取り出す法

これまでに、はっきり分かった『書紀』の正体は、少なくとも初期の大半は『日本紀』編集当時の「天皇家を含む各氏族の伝承を寄せ集めたもの」ということになる。それなのに私たちがいまみる『書紀』は天皇の名で区分され、事件は年月日入りで年代順に配列されて、いかにも天皇家を中心に次々に記録されたようにみえる。ところが初代天皇と一〇代天皇とが、同時存在と分かってみると、それらは、いい加減なもので、編集者たちがあとでつけ加えたものだと分かる。本当の歴史は、そんな脚色部分を取り除いて元の記録だけにし、比較して同じ事件を見破り、それを重ね合わせて「神武・崇神」両紀のようにすると、浮かび上がってくる。

「神武・崇神」といった漢風諡号《かんふうしごう》と呼ぼれる天皇名も厄介な脚色の一つである。それは弘文天皇の曾孫・淡海《おおみ》の真人《まひと》・三船が、淳仁《じゅんにん》天皇の命令によって天平宝字《てんぴょうほうじ》八年（七六四）につけたものだということになっている。その中には皇極《こうきょく》天皇がいったん退位したのち、再び即位して斉明《さいめい》天皇になったように、一人に二つの漢風諡号をつけた場合があるが、人間が二度死んだわけではないから、なぜ「戒名」が二つもいるのか不思議なことである。またこの反対にいく人もが一つの天皇名のところに混入している。一つの名は必ず一人の名だと思いこんでしまうと、『書紀』から真相を取り出すことは絶対にできなくなる。

◈領土名だから最も重要な「名乗り」

天皇たちは淡海三船の命名以前も無名ではない。神武天皇の「磐余彦」、応神天皇の「誉田別《ほむたわけ》」といった名乗りがあった。神武天皇にはこのほかにもまだ「狭野尊」「若御毛沼命」「豊御毛沼命」「磐余彦」の正式名「神日本磐余彦火火出見の尊＝『紀』」「神倭伊波礼毘古の命＝『記』」がある。この正式の名も漢風諡号と同じく死後につけた「贈り名」だといわれ「和風諡号」または「国風諡号」などと呼ばれてきた。だがそれは、はっきり誤りであってそれが領地名であることはもうご存じである。それでなければ「若いときの名」がある理由が説明できない。死んだ後でつけるなら神武天皇はいく度死んだことになるのだろう？

中国の「正史」の一つ『宋書』が記録した「倭の五王」の一人・「武」の名乗り（肩書）

の「使節都督《じせつととく》・倭・新羅・任那・加羅・秦韓・慕韓・六国・諸軍事・安東大将軍・倭王・武」は先にもこの問題の説明に使ったので、これを見ただけでそれが領土名だとお分かりと思う。

神武天皇の名乗りは実に多くの鹿児島と沖縄両県の地名を復元してくれたし、ほかの人々の名もまた非常に役に立った。和風諡号（というより「名乗り」が正しい）は間違いなく、領土の名乗りである。それによって神武天皇が山幸・邪馬壱《いち》国王・伊支馬であり、邪馬臺戦争の戦場「ヤマト」の位置がどこかも確定した。だから「名乗り」は最重要文化財なのである。

◈同時に五天皇がいて互いに戦った話

それでは最後に、お待ちかねの五天皇が同時存在で、互いに戦ったという事実をお話ししよう。天照大神と戦った弟「スサノオ」にあたる存在は、この本で伊支馬だとはっきりした「位宮」だが、しかし彼がなぜヒミコの「弟」なのか？　といったことなどが、どうももう一つ不明確なので、もの足りないのではないかと推測する。

それは次の孝霊《こうれい》天皇一家の系譜一つで説明がつく。ただし日本の古代の系譜は後継者を子供として書きこんであるから、ひどい場合は敵も味方も親子にみえる点に注意がいる。

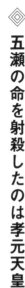

孝霊天皇

〔孝霊紀〕	〔神武紀〕	〔崇神紀〕	〔垂仁紀〕	〔倭人伝〕
彦国牽（孝元天皇）	兄ウカシ	彦国葺		男弟
倭迹迹日百襲姫		百襲姫		卑弥呼
彦五十狭芹彦	稲飯《いなひ》命	彦五十狭芹	彦五十狭茅	伊声者
倭迹迹稚屋姫	吾田吾平津媛		日葉酢媛	宗女・壹與
彦狭島	五瀬命	武埴安彦	狭穂彦	狗右制卑狗
若建吉備津日子	神武天皇	活目入彦	垂仁天皇	伊支馬

◇五瀬の命を射殺したのは孝元天皇

この系譜で分かるとおり孝元《こうげん》天皇は倭迹迹日百襲姫の兄弟の一人である。そしてこの兄弟が〔崇神紀〕の中で活躍する主要人物たちであることは、下の〔崇神紀〕との比較でお分かりになるはずである。しかしそこには一字違いの〔彦国葺《くにぶく》〕が挙げてあるが〔彦国《くに》牽《びく》」ではない。

「彦国牽」は従来は「ヒコクニクル」と読め、と教えられてきた名である。しかし「牽」という字は「牽引《けんいん》」の牽で、「ヒク」という意味しかなく、とても「クル」などとは読めない字である。ほかの兄弟がみな「崇神紀」で活躍している以上、この天皇もそこに登場しなければならないから、この一字違いでソックリの「ヒコクニビク」は「ヒコクニブク」と同一人物だと考えるしかない。

しかし「ビとブ」が入れ替わっているのには、なにかの理由がなければならない。それは今も使われている方言差で説明がつく。この事件の舞台になっている大隅では「ビックリ＝吃驚」を「ブックイ」。「ビワ」を「ブワ」とあいまいに発言する。これは関東以北でも「ブックラこいた」と発音する地域があるから、多分ご存じの方言差の一つだと思う。

これだけのことが分かって、初めて「孝霊紀」の系譜の人物が「崇神紀」で完全にそろい、生きて活動しはじめる。この「彦国茸」が反乱軍の大将・武埴安彦（五瀬の命）を矢で射殺するのである。

◎卑弥呼はほんとうは老人ではなかった

このことでも分かるように、卑弥呼（倭迹迹日百襲姫）の兄弟は、そんなに老人ではない。彦国葺は戦場で活躍するし、もう一人の弟・伊声耆《いさんき》（彦五十狭芹彦）は魏の洛陽《らくよう》まで使節たちをひきいて行き、率善中郎将《そつぜんちゅうろうしょう》に任じられている。どちらも屈強《くっきょう》の成人であって、決して老人ではない。とすればヒミコだけが「年すでに長大」なわけがない。

だから彼女が帯方郡使梯儁《ていしゅん》に、わざわざ「私は、とってもオバアサンなのよ」と「自ら謂《い》う＝自分で言訳《いいわけ》した」のは、やっぱりほかの理由が隠されていたことになる。それは『ヒミコ』で解明したように、どうしても彼女の髪の毛の色が明るすぎたためだとみるしかない。それなら彼女の個人的な別名「明姫（アカルヒメ）」の意味もまたよく分かるのである。

そしてさらにもう一つ彼女が暗いところに閉じこもって、人に会わない理由もまた分かる。それはやはり彼女の目の色が青かったためだということになる。それは特に魏人に見られても知られても困る、死活を賭けた重大事だった。とすれば、当然、梯儁《ていしゅん》と会ったときも暗い部屋を、さらに暗くして会ったことも分かる。それが例のない異常なことだったからこそ、梯儁は「少有見者《みたものは少い》」「唯男子一人、給飲食、伝辞《ことばをつたえ》出入、居処宮室楼観城柵厳設、常有人持兵《ぶきをもった人が》守衛」と、いかに彼女が厳重に守られているかを、特別に詳しく異例の書き方をしているのである。

◇第五の天皇は［綏靖《すいぜい》天皇］

これで神武天皇、孝元天皇、崇神天皇、垂仁天皇、の四人は分かった。もう一人の天皇とはだれだろう？　それはもう先にお話ししてあるのだが、ここでさらに詳しくつけ加えておく必要があると思う。それは［難升米］のところでお話しした［綏靖《すいぜい》天皇］である。

その和風諡号は［神淳名川耳《なんしゃんみみ》天皇］だった。この天皇も難升米がヒミコと同時存在なのだから、私の結論が正しいものなら［崇神紀］に、分かりやすい名乗りで登場しなければならない。［崇神紀］には、四道将軍を東西南北に派遣したという有名な、アショカ王を思わせる事跡が載っている。その一人に［武淳川別］という人物がいる。このほうは名の字が一字少ないだけに［淳ヌん・川シェン・別べ］で難升米により近いことと、ほかの人々と同時存在だということで、難升米と同じ人物に対するいくつもの当て字の一つであることが分かる。

この武淳川別は［崇神紀］六〇年には、吉備津彦《きびつひこ》と一緒に［出雲振根《いずもふるね》］を征伐しているが、前表のとおりこの吉備津彦が神武天皇なのだから、彼はその皇子の［神淳名川耳天皇］であって少しも食い違わない。ここで負けた出雲振根が崇神天皇だということになるが、これも徹底的に調査してみると、すべての点で事実であることが分かる。『日本書紀』というのは、混乱はしているが、すべて事実を記録していて、どんなに貴重な『史書』かがよく分かるのである。

紀元は一万二〇〇〇年、いく度もあった東征

これで［神武東征］も、［邪馬臺戦争］も、どんなものだったか、その全体像がつかめたと思う。そして『日本書紀』や『古事記』が貴重な記録をもっていたことも、またよくお分かりになったと思う。では日本の建国史は、従来の紀元前六六〇年から紀元二四一年まで九〇〇年も短くなってしまったのであろうか？

それは過去のままの考えで、神武天皇即位が日本の建国紀元だと「錯覚」したままならそうなる。しかしそれは明治以前の遅れた建国観念で、いかにも幼稚な考えなのだ。私たちはなぜ、いちばん新しい「神武即位」などにこだわる必要があるのだろう？　それはあまりにも、気の小さい、わけの分からない、奇妙な選択であって、何も知らなかった昔ならいざ知らず、現在では非常識極まる話だ。

そしてさらに国土に重点を置くのなら、日本列島には、それ以前にも殷人《いん》の一群が茨城県に国家をつくっていたし、『倭人伝』に出てくる旁国《ぼうこく》程度の国ならもっと古く、世界最古の土器、それもすでに立体装飾をもった貼付文土器や、西北九州から山形県まで発見されている細隆線土器の出る時代の、一万二〇〇〇年以前にまでさかのぼればいいのである。

こうしたことは、過去の文化の遅れた時代、ことに歴史の真実が分からなかった時代には、日本人というのは「この列島だけに湧《わ》いた特別な人間」だと錯覚していて、すべてが列島内だけの、ごく狭い視野でしか考えない「島国根性」と呼ばれた偏狭な見方しかできなかった。だがそれは日本だけでなく、欧米諸国もそうだった。いや、そこでは、いまだにそうである。

しかし私たちは違う。私たちは彼らのような遅れた『歴史観』はもう卒業しはじめているのだ。全世界の中でも一番先に、世界の人々にさきがけて、私たちは［大きな正しい国家観］を、今もったのである。それは私たちの先祖が「移動した」という事実に教えられた。［移動］には［国境］というバカげたものはついてこない。それは土地にシガミついてあとに残る。

だから［国］というのは土地ではない。［人］なのだ。国民が国家の主体であって、国民がいなくなれば、そこは国ではなくなる。政府だけあっても、国民がいなければ、それは国ではない。国民があってこその国。人がいてこその世界なのである。

神武天皇が攻めた
「卑弥呼」の邪馬台国は鹿児島にあった

著　者　加治木義博
発行者　真船美保子
発行所　KK ロングセラーズ
東京都新宿区高田馬場 2-1-2　〒 169-0075
電話（03）3204-5161（代）　振替　00120-7-145737
http://www.kklong.co.jp
印　刷　中央精版印刷（株）
製　本　（株）難波製本

落丁・乱丁はお取り替えいたします。
※定価と発行日はカバーに表示してあります。
ISBN978-4-8454-5101-2　C0221　Printed In Japan 2019